河北省社会科学基金项目（项目编号：HB20GL044） 资助出版

京津冀协同发展的阶段实施效果评价及优化路径研究

赵素彦 李曼 著

企业管理出版社
ENTERPRISE MANAGEMENT PUBLISHING HOUSE

图书在版编目（CIP）数据

京津冀协同发展的阶段实施效果评价及优化路径研究 / 赵素彦，李曼著．
—北京：企业管理出版社，2023.5

ISBN 978-7-5164-2828-3

Ⅰ．①京… Ⅱ．①赵… ②李… Ⅲ．①区域经济发展

－协调发展－研究－华北地区 Ⅳ．① F127.2

中国国家版本馆 CIP 数据核字（2023）第 068069 号

书　　名：	京津冀协同发展的阶段实施效果评价及优化路径研究
书　　号：	ISBN 978-7-5164-2828-3
作　　者：	赵素彦　李　曼
策　　划：	寇俊玲
责任编辑：	寇俊玲
出版发行：	企业管理出版社
经　　销：	新华书店
地　　址：	北京市海淀区紫竹院南路 17 号　　邮　　编：100048
网　　址：	http://www.emph.cn　　电子信箱：1142937578@qq.com
电　　话：	编辑部（010）68701408　　发行部（010）68701816
印　　刷：	北京虎彩文化传播有限公司
版　　次：	2023 年 5 月 第 1 版
印　　次：	2023 年 5 月 第 1 次印刷
开　　本：	710 毫米 ×1000 毫米　　1/16
印　　张：	11
字　　数：	186 千字
定　　价：	68.00 元

版权所有　翻印必究　·　印装有误　负责调换

前　言

2014年2月，习近平总书记在北京主持召开座谈会时强调：实现京津冀协同发展是一个重大国家战略，要坚持优势互补、互利共赢、扎实推进，加快走出一条科学、持续、协同发展的路子。自2014年以来，在党中央的正确领导下，京津冀协同发展在体制机制共建、一体化交通、产业转移、生态环境协同治理、共建共享公共服务等方面取得重大的阶段性成果。"十四五"是京津冀协同发展的关键五年，也是我国全面建设社会主义现代化强国的第一个五年，京津冀协同发展将面临新的形势和新的问题，三地要继续坚持党的正确领导，巩固好来之不易的成果，同时持续推动协同高质量发展，以期在重大领域取得新的突破。

本书主要研究内容如下：

（1）京津冀城市高质量发展水平测度。本部分首先构建京津冀城市高质量发展评价指标体系，其次利用CRITIC方法对指标体系赋权，最后得到各城市内部子系统评价得分以及高质量发展的总体评价得分，进一步对京津冀城市高质量发展时空演变进行分析。

（2）京津冀协同发展评价和路径优化。本部分首先利用灰色关联评价法确定城市间灰色关联矩阵，再利用聚类系数确定城市权重，构建耦合协调度模型，根据构建模型测度京津冀城市整体的协同发展程度。要充分认识当前京津冀协同发展形势，本部分提出通过构建京津冀协同发展的一体化产业链、一体化基础设施、一体化市场、一体化环境保护等路径和措施促进京津冀协同发展。

（3）京津冀城市高质量发展空间关联分析。本部分基于修正引力模型对京津冀区域各城市联系强度进行分析，通过计算城市的总联系强度来分析城市重要性；利用社会网络分析法对京津冀城市空间联系网络进行特征分析，采用局部 Moran's I 指数法得到空间聚集结果，对城市的聚集情况进行分析。

（4）京津冀协同发展相关专题研究。围绕京津冀协同发展，本书分别从资源环境约束、生态文明建设、县域经济发展、主导产业选择、破坏性创新等视角进行一系列研究。本部分对相关研究成果进行梳理，以丰富京津冀协同发展的理论研究和实践指导。

本书获得河北省社会科学基金项目"京津冀协同发展的阶段实施效果评价及优化路径研究"（项目编号：HB20GL044）的资助出版，并在该项目研究成果的基础上，通过全面充实、完善和整理而形成。

在编写和出版过程中首先要感谢河北地质大学董志良教授、索贵彬教授给予的指导与支持，感谢他们在这一研究领域的辛勤耕耘；感谢该研究领域中的专家、学者，他们的研究成果给予我们巨大的启发和帮助；感谢企业管理出版社的编辑，正是他们的努力和辛勤付出，才使本书顺利出版。

由于作者水平有限，研究内容复杂，本书不可避免地存在诸多遗憾和不足，期盼读者批评与指正。

赵素彦
2023 年 2 月

目 录

第1章　绪论 … 1
1.1　选题背景及意义 … 1
1.2　国内外研究综述 … 2
1.3　研究内容及创新点 … 8

第2章　京津冀概况 … 11
2.1　京津冀三地基本情况 … 11
2.2　京津冀三地经济社会状况 … 13
2.3　京津冀三地地理环境状况 … 27
2.4　京津冀三地自然资源状况 … 29

第3章　相关概念与理论基础 … 34
3.1　关于资源环境和可持续发展的概念与理论 … 34
3.2　关于城市群和高质量发展的概念与理论 … 35
3.3　关于耦合协调度和系统的概念与理论 … 36

第4章　京津冀城市高质量发展水平测度 … 38
4.1　京津冀区域资源环境状况 … 38
4.2　城市高质量发展评价指标体系构建 … 42
4.3　研究区域概况 … 46
4.4　京津冀城市高质量发展水平评价 … 60
4.5　本章小结 … 75

第 5 章　京津冀协同发展评价及路径优化 ······················· 76
5.1　耦合协调度评价思路 ······································ 76
5.2　城市权重的确定 ·· 76
5.3　城市耦合协调度评价 ······································ 79
5.4　城市耦合协调度时序分析 ·································· 80
5.5　京津冀协同发展路径优化 ·································· 82
5.6　京津冀协同发展政策建议 ·································· 84
5.7　本章小结 ·· 85

第 6 章　京津冀高质量发展空间关联分析 ······················· 86
6.1　研究方法 ·· 86
6.2　京津冀城市高质量发展空间关联变化分析 ···················· 89
6.3　本章小结 ·· 99

第 7 章　京津冀协同发展相关专题研究 ························· 100
7.1　资源环境约束下京津冀协同高质量发展研究 ·················· 100
7.2　京津冀城市群高质量发展水平评价及空间分析 ················ 106
7.3　京津冀生态文明建设水平时空特征及演变趋势 ················ 111
7.4　基于 Kernel 和 ESDA 方法的京津冀县域经济研究 ············· 120
7.5　基于马尔可夫链理论的京津冀县域经济特征与演变 ············ 125
7.6　京津冀城市生态文明建设效率研究 ·························· 134
7.7　京津冀一体化视角下京津冀主导产业选择研究 ················ 139
7.8　京津冀采矿业破坏性创新能力评价及创新盈利模式分析 ········ 145
7.9　京津冀高新技术产业科技研发水平研究 ······················ 152

参考文献 ··· 160

第 1 章　绪论

1.1　选题背景及意义

1.1.1　选题背景

2015 年中共中央、国务院印发的《京津冀协同发展规划纲要》（以下简称《纲要》）提出有序疏解北京非首都功能、推动京津冀协同发展的总目标，且伴随着"丝绸之路经济带和 21 世纪海上丝绸之路"（简称"一带一路"）倡议的实施，都为目标的积极推进创造了良好的外部环境。自 2015 年《纲要》进入实施阶段以来，京津冀立足各自比较优势、区域优势互补原则、合作共赢理念，以资源环境承载力为基础，以京津冀城市群建设为载体，以构建长效体制机制为抓手，着力推进区域协同发展新格局。当前，北京"大城市病"等突出问题得到缓解；京津冀在生态、经济和社会等重点领域的共建共享取得积极成效，但是所面临的问题依然严峻。《纲要》规定 2020 年实现中期目标，协同发展机制有效运转，区域内发展差距缩小，初步形成京津冀协同发展、互利互赢新局面等。因此，本书针对《纲要》的中期目标，围绕协同发展现状分析、区域内发展差距量化、协同发展体制机制探索等方面对京津冀协同发展战略实施效果评价具有重要的理论意义和现实意义，并为《纲要》下一阶段发展提供建议。

1.1.2　研究意义

1. **学术价值**

本书在前人研究的基础上，依据《纲要》中期目标，依托中国统计学会发布的综合发展评价指标体系、"十三五"规划纲要中的主要指标和文献梳理，确定京津冀协同发展背景下经济、社会、生态三个子系统的发展指标体系，综合考虑协同学、区域经济学、地理学等，从常用的 DEA 模型、灰色关联度模型、复合系统协同度模型进行比对，结合京津冀三地区域协同发展的特征，采用改进的复合系统协同度模型，进行子系统协同评价和整体协同评价，根据协同度趋势及关联性，识别整体系统驱动力。

2. 应用价值

2015 年开始颁布实施的《纲要》规定，到 2020 年"北京大城市病"等突出问题得到缓解，人口控制在 2300 万以内；生态环境、产业、一体化交通网、公共服务等，即经济、社会、生态三个系统协同发展机制有效运转，区域内发展差距缩小。本书旨在对《纲要》实施五年的效果进行定性和定量评价，以期对《纲要》中期目标京津冀协同发展战略实施效果进行测度，探索内生性发展动力，并对下一阶段实现《纲要》远期目标发展提供建议。

1.2　国内外研究综述

1.2.1　关于城市群发展相关研究

城市群的概念最早由英国城市学家 Howard（1898）提出，由于农村人口向城市迁徙造成城市规模扩张，为了对此现象进行合理解释，提出了"田园城市"的理念，用以解决城市规模过大的问题。该理念经过长期发展最终形成"城市群"概念，数量众多的学者针对城市群概念开展了多方位的研究，Andrey 等（2016）将静态与动态结合，对城市群中重点城市与全区域的发展状态进行分析，得到城市群的构建对其所包含城市的基础设施建设、居民出行效率及土地利用率等方面有促进作用。Sun 等（2017）构建了多指标协调发展评估模型，从不同维度对区域内的工业协调发展水平进行评估，并将不同城市群的各维度下的协调发展水平进行对比。Vylegzhanina 等（2022）分析了城市群区域中的人口对农村土地间的影响机制，并以新西伯利亚地区为实例进行验证，得出人口的增加使得农村居住空间缩减甚至影响农村土地用途构成的结论。He 等（2021）利用结构方程对城市群区域内及周边城市的环境管理能力进行评估，得到了城市的平均空气质量的优劣受环境管理能力的影响较大的结论。Li 等（2021）将多元线性回归方程与分区统计分析模型结合，分析城市的扩张强度等级，并在沪杭湾城市群近 30 年数据的基础上分析城市扩张强度与生态系统之间的动态关系。Fang（2019）对城市群发展过程的各阶段形成条件、空间组成条件以及要素流动进行理论分析，探索城市群形成与扩张的基本规律。

我国幅员辽阔，城市数量众多，在发展过程中形成了许多城市群，为保证发展的高效推进，众多学者对城市群展开研究。郭永等（2022）利用空间计量模型对中原城市群各城市近10年的数据进行分析，剖析金融聚集影响城市群经济效益的效果。黄杰等（2022）利用熵权法对中国的城市群近15年的数据进行分析，测度其经济韧性，以此为基础分析其空间差异与分布动态演进。孙铁山等（2022）对中国12个较大规模城市群近15年的数据进行分析，剖析其空间体系特征及变化趋势，检验城市群空间聚集水平受城市网络联系度的影响情况。岳汉秋等（2022）提出以强度、对称性与结构为基础的城市网络中心性与对称性探测框架，并以实际人流迁徙网络进行实例验证。刘强等（2022）将高质量发展指标引入区域经济协调发展程度评价指标体系，剖析区域协调发展受产业结构升级影响的机理，并对其分析结果进行省域和城市群两个角度的检验。熊鹰等（2022）利用时序全局主成分分析、修正距离要素的引力和潜力模型，从城市发展质量、城市群发展状况、空间联系作用三方面，对环长株潭城市群的空间联系与演化趋势进行分析。

1.2.2 关于区域协同发展的相关研究

"Synergy、Synergism、Coordinate、Collaborate"都可译为中文的"协同"，其中"Synergetic Development"最接近中文"协同发展"，但相关文献甚少。以其他单词搜索发现国外主要是以"collaborated development"研究区域协作，对区域协同发展研究甚少；而国内学者多用"Coordinated Development"研究区域协同发表于国际期刊。

Henderson J V（1974，1985，2000）先后研究了城市群组织静态模型、城市群整体系统形成、城市群多因素动态模型；Gunter S（1986）探讨了区域合作协同对区域经济增长的影响，认为区域合作是发展中国家应该走的道路；Abdel R H（1990）对城市群进行了外部性引入，以此建立了专业化和多样化共存的城市系统模型；Masahisa F（2004）和克鲁格曼（Krugman P R）运用单中心空间经济模型得到多城市体系的发展由来；Ruffin F A（2010）证明了协同网络管理对于城市复兴的积极作用；Beesom M（2010）通过地理特征解释了中国与东南亚国家协作的原因；Ooi G L（1995）阐述了区域经济合作发展的含义，认为能够提高区域竞争力；Arku G（2015）通过对经济从业人员的走访，对区域间合作政策在经济上的影响进行了分析；Yi Yang（2019）基于生态足迹和综合发展指数（CDI），构建了生态与社会经济协调发展的评价指标体系，利用耦合协同度模型对生态和社会经济子系统之间的协调水平进行评价；Hongbo Liu（2019）构建了天津市绿色化与城镇化协同度评价指标体系，运用数据包络分析（DEA）评价方法分析了不同发展规划下天津市绿色化与城镇化协同度；Qingsong Wang（2014）以山东省为例，对能源、经济和环境（EEE）指标趋势和整体系统协同度进行测算，用主因子分析法确定这三个系统的关联性等。

1.2.3 关于京津冀协同发展的相关研究

"京津冀协同发展"由来已久，自 2015 年《纲要》发布以来，成为各学科和专家共同关注的热点问题。由于国外关于京津冀协同发展的研究甚少，本书主要梳理 2015 年以后国内关于京津冀协同发展的研究。具体研究主题有以下三个方面：

1. 京津冀协同现状及困境研究

程恩富（2015）概述了京津冀协同的历程，认为京津冀存在双核带动能力未发挥、行政级差以及缺乏协同机制等问题；薄文广（2015）认为三地间差距过大、在政治和经济地位的非平等、各为己利以及制度发展迟缓等问题。

2. 单一系统研究或实证

（1）经济发展，庞璐（2016）构建了评价京津冀高新技术产业协同创新能力的指标体系，在此基础上，运用复合系统协同度模型实证分析造成三地协同创新评价体系不协同的原因，并提出了发展路径；田励平（2016）研究京津冀协同发展背景下，运用主成分分析法对河北省内 11 市产业转移能力进行综合评价，找出承接力的优势与不足；张健（2016）对规模以上企业的相关 R&D 投入与产出，运用 EDA 模型对产—学—研协同创新效率进行实证分析。

（2）社会发展，Danyang Shen（2019）构建京津冀航空物流产业在建造和使用上的复合系统协同度模型，并进行实证分析。

（3）生态发展，耿海清（2017）基于 SWOT 分析从资源环境角度对京津冀协同发展制度进行了评价，系统识别了有利因素和不利因素，提出了促进京津冀协同发展的制度建设方向和建设要求；Xuegang Cui（2019）以中国京津冀地区为例，用复合系统协同发展指数对城市化资源、环境评价城市化的可持续性。

3. 多子系统协同发展

冯怡康（2016）基于数据包络分析方法（DEA）从经济、资源、环境三个方面测度京津冀区域协同发展动态效度，并找出协同度差异的原因；周雪姣（2019）从创新、协调、绿色、开放和共享 5 方面综合分析京津冀发展现状，构建综合发展指标体系；尹向来（2019）用复杂系统方法比对京津冀和长三角城市群内部协同性，并运用引力模型对协同网络可视化。

1.2.4 关于高质量发展相关研究

高质量发展是我国为应对社会主要矛盾变化而衍生的新概念，是为建立适合现代化建设目标而提出的开创性的发展路径，是经济发展中的高水平状态。从关于经济发展研究内容看，国外关于经济增长的研究具有对高质量发展进行深耕时的可借鉴之处，如 Kazhuro（2017）将创新要素引入宏观经济的发展平稳性对国民经济保持稳定发展的影响研究中，发现创新对经济的增长与稳定起到积极的促进作用。Liu 等（2018）立足全球，分析我国经济增长的内在、外在机制，研究得出：①分析期间，我国经济的前向关联度增加，而后向关联度没有得到有效提升；②中国经济对亚洲地区的依赖度下降，对北美和发展中国家的依赖度增加；③20 年以来，我国经济的高速增长是内外两方面因素共同作用的结果。全球投入产出结构的变化对我国经济的积极影响大多是短期的、暂时的。Hussain 等（2019）从经济增长效率与环境情况角度，利用随机效应估计模型，分析得出全球发展中国家经济增长与生态环境之间的存在倒 U 型的关系。Chen 等（2019）结合鲁棒性，分析产业政策对经济增长的影响，发现产业政策对经济增长有促进作用，且促进作用大小受城市发展水平与产业发展水平的影响。Jorge 等（2020）将修正最小二乘法与格兰杰因果结合，分析影响经济增长的关键因素，发现人力资本对经济增长的影响程度最高，同时经济增长对人力资本同样存在促进作用。Andreas 等（2020）对经济长期增长率、资本收入比率、要素收入分配与内生增长及储存率之间的关系进行分析，得出之间的促进、抑制关系。Chen 等（2016）将区域伙伴关系概念引入经济发展分析，结合生存分析和多极增长曲线模型，研究其影响机制。对经济发展的研究不仅限于经济要素对其的影响，还包含以城市整体视角对其影响的研究，Megeri 等（2016）将城市化发展概念引入经济发展影响因素分析，利用格兰杰因果法分析得知，城市化发展与经济增长之间长期关联，但其促进作用在发达城市中有更明显的体现。

我国众多学者在参考国外相应研究的同时，与我国的实际国情相结合，对适合我国的高质量发展路径进行探索。杨伟民（2018）、何立峰（2018）对高质量发展进行社会矛盾变化与五大发展理念为基础的分析，得出为满足人民持续上升的真实需要，高质量发展是最能满足其需要的发展模式。刘迎秋（2018）、林兆木（2018）将创新、协调、绿色、开放、共享作为高质量发展的要素，分别赋予其实际意义，分析其对高质量发展的影响。方敏等（2019）将五位一体作为高质量发展的发展道路，得出发展不应仅关注经济层面，也应同步发展生态环境、社会文明等层面。王一鸣（2018）将传统包含经济发展协同性、包容性、整体性与开放性的高质量发展体系扩充，结合人力、科教与金融等资源的深层次协同对高质量发展进行分析。詹新宇（2018）、方大春（2019）、华坚（2019）等构建包含五大发展理念的城市发展质量评价体系，对中国各省市发展质量进行评价。孟祥兰等（2019）构建了包含经济、创新、绿色、协调与民生的高质量评价指标体系，并利用湖北省各城市数据进行实例验证。

1.2.5　关于协同高质量发展研究概况

国外有关协同高质量的研究较为缺乏，主要集中于区域经济合作方向，Wu 等（2016）在中国 31 个地区近 10 年数据的基础上，对能源丰富程度对可持续经济增长的影响及其机制进行研究。Desyatirikov 等（2019）从人力资源、地理位置、生产原料、自然资源四个维度，对经济增长的主要影响因素进行分析，并经实例验证维度选取的合理性。Inga 等（2019）分析了国际合作对区域经济的影响，对比分析了两个国家在不同的国际合作程度上区域经济发展的差异，得出良好的国际合作可促进区域经济发展的结论。Silvia 等（2019）基于 2004—2012 年英国 NUTS – III 级数据，分析不同区域科技协作状态下对外部经济冲击的抵御能力的差异，剖析科技协作对经济稳定的影响机制。Serebryakova 等（2020）对影响创新活动的经济因素进行分析，剖析两者的联系，得出创新活动是建立在经济基础上的，经济的稳定发展对创新活动的开展有促进作用。Lasarte 等（2021）提出了基于因子模型的建模方法，对区域经济水平差异程度进行评估，并对产生差异的原因进行分析。Afanasiev 等（2021）将指标矩阵赋予概率属性，并将其引入经济发展态势评估，经验证，概率复合指标相较于传统指标对经济发展的影响程度更大。Cao 等（2021）

针对传统经济发展在绿色技术创新与能源环境绩效方面的不足，对2011—2017年的数据进行分析，剖析数字经济对前者的影响，得出数字经济对中国的绿色技术创新、能源环境绩效有明显的改善作用的结论。

我国对于协同发展的研究较为充分，主要集中于地区子系统及地区内部协同方面，如熊晓轶等（2022）将分工指数、专业化指数、区位熵结合，对京津冀近3年流通业的产业同质化现象进行分析。戴一鑫等（2022）立足政府、科研机构、产业与国外四个维度，利用信息熵算法，分析经济增长受地区创新体系协同度的影响情况。任爱华等（2022）基于产业发展、生态治理、开放共享、交通运输、技术创新五维指标，构建了随机波动概率动态结构模型，对京津冀地区内部的发展现状进行评估。王芳等（2021）将耦合度模型与耦合协调度模型结合，对京津冀地区近15年的生态与经济数据进行分析，验证其发展情况。孙久文等（2020）研判了京津冀产业协同发展的关键任务，并对其产业分工趋势进行分析，结合高质量发展的内涵与扩展，剖析京津冀协同发展面临的困难。李文鸿等（2021）从科技创新与对外开放角度出发，分析其与京津冀高质量协同发展的关联，分析得出不论基于何种耦合形式，京津冀协同度均呈上升趋势。

1.2.6　文献述评

在协同发展上，国外相关文献较少，主要是研究区域协作；国内研究虽然起步较晚，但研究成果比较丰富，主要集中于京津冀的现状、困境或单一系统（经济、社会、生态）等的研究或实证分析，近年来对区域协同发展中复合系统（即包含多个子系统）的研究逐步被关注，因为子系统在区域协同发展中是相互关联、相互制约的。

以往对于京津冀协同发展情况的研究在高质量发展与协同发展的影响因素、状态评估等层面分别取得了丰厚的成果，但大多集中于单层面研究上，对高质量发展与协同发展相结合的分析仍有不足。针对该情况，本书创新地对京津冀高质量发展与协同发展并行分析。本书在6个维度对京津冀各城市高质量发展水平进行测度的同时，还对京津冀区域整体进行测度，考虑到地区之间的发展情况也会互相影响，分析京津冀高质量发展空间网络的结构特征及各节点城市在网络中的地位和作用。同时，还探索了京津冀城市高质量发展的时空分异特征和城市协同高质量发展的耦合协调程度。以上研究为京津冀协同发展质量的提升及深化协同发展提供一些思路。同时，明确京津冀地区发展现状，分析内部发展差异，对《纲要》中期阶段实施效果进行评价，并对《纲要》远期目标实现提供优化路径。

1.3　研究内容及创新点

1.3.1　研究内容

本书立足于《纲要》提出的中期目标，重点对京津冀三地自 2011—2020 年在生态、经济和社会三个子系统协同高质量发展情况、协同发展路径进行研究（见图 1-1）。

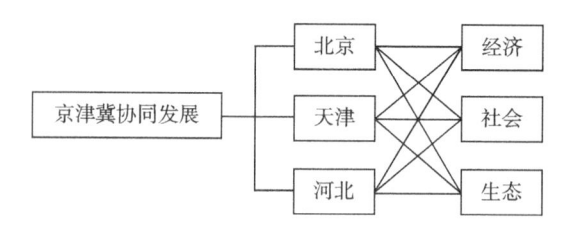

图 1-1　京津冀协同发展系统框图

具体研究框架如下：

第 1 章：绪论。主要阐述本书的研究背景、研究意义、相关的国内外研究综述、研究内容及创新点。

第 2 章：京津冀概况。了解京津冀三地的基本情况，京津冀三地的经济社会状况、地理环境状况和自然资源状况。

第 3 章：相关概念与理论基础。本章梳理了可持续发展概念与理论，城市群和高质量发展概念与理论，以及耦合协调度、复杂系统概念和理论。

第 4 章：京津冀城市高质量发展水平测度。首先构建京津冀城市高质量发展评价指标体系，然后利用 CRITIC 法对指标体系赋权，最后得到各城市内部子系统评价得分以及高质量发展的总体评价得分，进一步对京津冀城市高质量发展时空演变进行分析。

第 5 章：京津冀协同发展评价及路径优化。利用灰色关联评价法确定城市间灰色关联矩阵，再利用聚类系数确定城市权重，构建耦合协调度模型，根据构建模型测度京津冀城市整体的协同发展程度。要充分认识当前京津冀协同发展形势，通过构建京津冀协同发展的一体化产业链、一体化基础设施、一体化市场、一体化环境保护等路径和措施促进京津冀协同发展。

第6章：京津冀城市高质量发展空间关联分析。基于修正引力模型对京津冀区域各城市联系强度进行分析，通过计算城市的总联系强度分析城市重要性；利用社会网络分析法对京津冀城市空间联系网络进行特征分析，采用局部 Moran's I 指数法得到空间聚集结果，对城市的聚集情况进行分析。

第7章：京津冀协同发展相关专题研究。围绕京津冀协同发展，作者及所在研究团队分别从资源环境约束、生态文明建设、县域经济发展、主导产业选择、破坏性创新等视角进行了一系列卓有成效的研究，并取得了丰硕成果。本章对相关研究成果进行梳理，以丰富对京津冀协同发展的理论研究和实践指导。

1.3.2　研究思路与技术路线

京津冀协同发展是国家战略目标，主要体现在经济、社会和生态三个方面的协同发展，以期经济和社会发展体制机制实施符合生态承载力，从而具备可持续发展力。在此背景下，提出采用系统论、区域发展理论和可持续发展理论来论证京津冀协同发展显得尤为重要。

本书采用多种定量方法，结合定性分析对京津冀协同高质量发展进行研究。首先利用 CRITIC 法对京津冀高质量发展指标体系赋权，对京津冀城市高质量发展水平进行测度，对京津冀城市高质量发展时间演变进行分析。然后利用灰色关联评价法确定城市间灰色关联矩阵，再利用聚类系数确定城市权重，构建耦合协调度模型，根据构建模型测度京津冀城市整体的协同高质量发展程度。接下来基于修正引力模型对京津冀城市群各城市联系强度进行分析，利用社会网络分析法对城市群空间联系网络进行特征分析，采用局部 Moran's I 指数法得到空间聚集结果，对城市的聚集情况进行分析。最后分别从资源环境约束、生态文明建设、县域经济发展、主导产业选择、破坏性创新等视角对京津冀协同发展进行了系列研究。

本书研究思路见图 1-2。

1.3.3　创新点

本书创新之处体现在以下 3 个方面：

（1）本书以科技、绿色、协调、开放、共享新发展理念 5 个维度为基础，增加人文维度，使高质量发展涵盖的维度更加全面，京津冀高质量发展的测

图 1-2　研究思路和技术路线

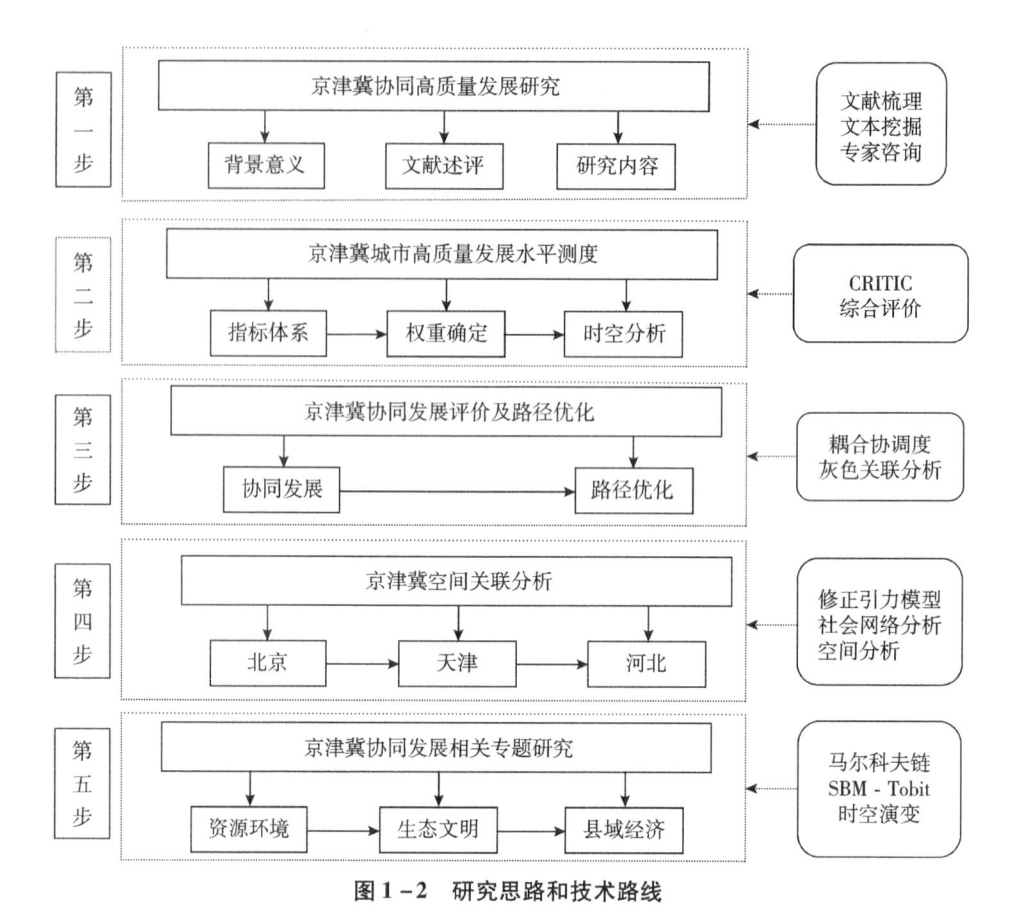

度更加准确。基于资源环境约束，构建京津冀城市高质量发展理论框架和指标体系。高质量发展应具有地域性、时代性和系统性，高质量发展内涵应涵盖经济、社会和自然 3 个维度，体现新发展理念。在京津冀区域，尤其要强调创新的推动作用，而绿色、人文是创新的方向和要求。

（2）本书在空间角度对京津冀城市群高质量发展空间关联进行特征分析，综合分析城市群整体的发展情况以及各个城市在城市群中的地位。

（3）京津冀城市耦合协调度测度评价。本书在对京津冀城市高质量发展进行综合评价的基础上，以系统为分析单元，对 2011—2020 年京津冀协同高质量发展水平进行评价。

第 2 章　京津冀概况

2.1　京津冀三地基本情况

2.1.1　北京市基本情况

北京，简称京，古称燕京、北平，中华人民共和国首都、直辖市、国家中心城市、超大城市，全国政治中心、文化中心、国际交往中心、科技创新中心，是中国共产党中央委员会、中华人民共和国中央人民政府和全国人民代表大会的办公所在地。

北京历史悠久，文化灿烂，是首批国家历史文化名城、中国四大古都之一和世界上拥有世界文化遗产数最多的城市，3060 年的建城史孕育了故宫、天坛、八达岭长城、颐和园等众多名胜古迹。早在 70 万年前，北京周口店地区就出现了原始人群部落"北京人"。公元前 1045 年，北京成为蓟、燕等诸侯国的都城。公元 938 年以来，北京先后成为辽陪都、金中都、元大都、明清国都、中华民国北洋政府首都，1949 年 10 月 1 日成为中华人民共和国首都。2019 年 1 月 11 日，北京市级行政中心正式迁入北京城市副中心。

北京被世界城市研究机构 GaWC 评为世界一线城市。联合国报告指出：北京人类发展指数居中国城市第二位。2016 年，北京市辖东城、西城、海淀、朝阳、丰台、门头沟、石景山、房山、通州、顺义、昌平、大兴、怀柔、平谷、延庆、密云 16 个市辖区（合计 16 个县级行政区划单位），147 个街道、144 个镇、33 个乡、5 个民族乡（合计 329 个乡级行政单位）。

2.1.2　天津市基本情况

天津，简称津，中华人民共和国直辖市、国家中心城市、超大城市、环渤海地区经济中心、首批沿海开放城市，全国先进制造研发基地、北方国际航运核心区、金融创新运营示范区、改革开放先行区。

天津自古因漕运而兴起，明永乐二年十一月二十一日（1404年12月23日）正式筑城，是中国古代唯一有确切建城时间记录的城市。历经600多年，造就了天津中西合璧、古今兼容的独特城市风貌。

天津位于华北平原海河五大支流汇流处，东临渤海，北依燕山，海河在城中蜿蜒而过，海河是天津的母亲河。天津滨海新区被誉为"中国经济第三增长极"。天津是夏季达沃斯论坛常驻举办城市。

2014年12月12日，位于天津市滨海新区的中国（天津）自由贸易试验区正式获得国家批准设立。2015年4月21日，中国（天津）自由贸易试验区正式挂牌。中国（天津）自由贸易试验区为中国北方第一个自贸区。

天津现辖16个区。包括滨海新区、和平区、河北区、河东区、河西区、南开区、红桥区、东丽区、西青区、津南区、北辰区、武清区、宝坻区、静海区、宁河区、蓟州区。《天津市空间发展战略》提出"双城双港、相向拓展、一轴两带、南北生态"城市规划理念。其中，"双城"是指天津市中心城区和滨海新区核心区；"双港"是指天津港和天津南港；"南北"指市域中北部及南部；"北端"是指蓟州区北部山地丘陵地带。中心城区是天津的发祥地，也是文化教育政治经济商业中心。按照服务业功能，中心城区按照"金融和平""商务河西""科技南开""金贸河东""创意河北""商贸红桥"的功能定位。滨海新区是天津市下辖的副省级区、国家级新区和国家综合配套改革试验区，是北方对外开放的门户、高水平的现代制造业和研发转化基地、北方国际航运中心和物流中心、宜居生态型新城区，由原塘沽区、汉沽区、大港区以及天津经济技术开发区等区域整合而成。

2.1.3 河北省基本情况

河北省，古属冀州、直隶，简称"冀"，辖11个地级市，省会石家庄。地处华北，处于漳河以北，东临渤海、内环京津，西为太行山，北为燕山，燕山以北为张北高原。河北是中华民族的发祥地之一，省级以上文物保护单位达930处，居全国第一位。拥有长城、承德避暑山庄、清东陵和清西陵3项世界文化遗产；拥有邯郸、保定、承德、正定、山海关5个国家级历史文化名城。河北是长城途经距离最长、保存最完好的省份，境内长城遗存达2000多千米。河北的唐山港、黄骅港、秦皇岛港均跻身亿吨大港行列。铁路、公路货物周转量居中国大陆首位。河北省设11个地级市，42个市辖区、20

个县级市、104 个县、6 个自治县，共有 1970 个乡镇，50201 个村民委员会。

2.2 京津冀三地经济社会状况

2.2.1 北京市经济社会状况

2022 年，面对复杂多变的外部环境、国内经济发展"三重压力"以及超预期因素影响，北京市坚持稳中求进工作总基调，持续高效统筹疫情防控和经济社会发展，坚持推动"五子"联动，着力稳住经济大盘，经济总量进一步扩大，经济结构继续优化，民生领域基本稳定，发展质量持续提升。

根据地区生产总值统一核算结果，北京市 2022 年全年实现地区生产总值 41610.9 亿元，按不变价格计算，比 2021 年增长 1.5%。分产业看，第一产业实现增加值 111.5 亿元，下降 1.6%；第二产业实现增加值 6605.1 亿元，下降 11.4%；第三产业实现增加值 34894.3 亿元，增长 3.4%（见图 2-1）。

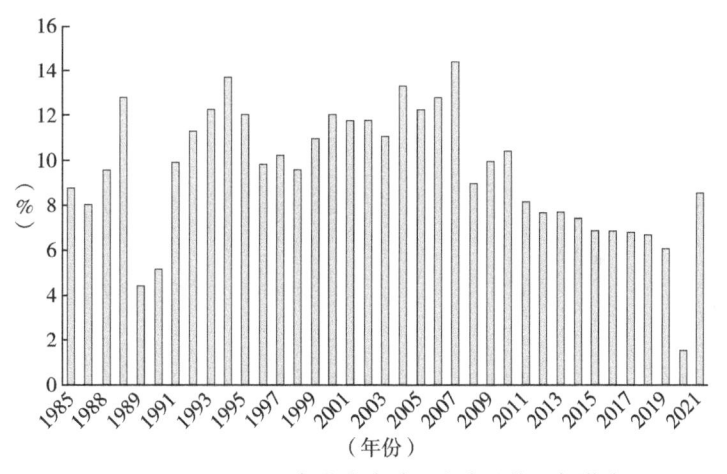

图 2-1　1986—2022 年北京市地区生产总值逐年增速图

1. 农业生产结构继续调整，"米袋子""菜篮子"稳产保供扎实推进

2022 年，北京市实现农林牧渔业总产值 268.2 亿元，按可比价格计算，比 2021 年下降 2.0%。其中，实现农业（种植业）产值 129.8 亿元，增长 2.3%，粮食播种面积 115.1 万亩、产量 45.4 万吨，分别增长 26.0% 和 20.1%，蔬菜及食用菌播种面积 79.7 万亩、产量 198.9 万吨，分别增长 14.5% 和 20.1%；生猪出栏 32.2 万头，增长 4.3%；新一轮百万亩造林顺利收官，实现林业产值 86.5 亿元，增长 1.4%（见图 2-2）。

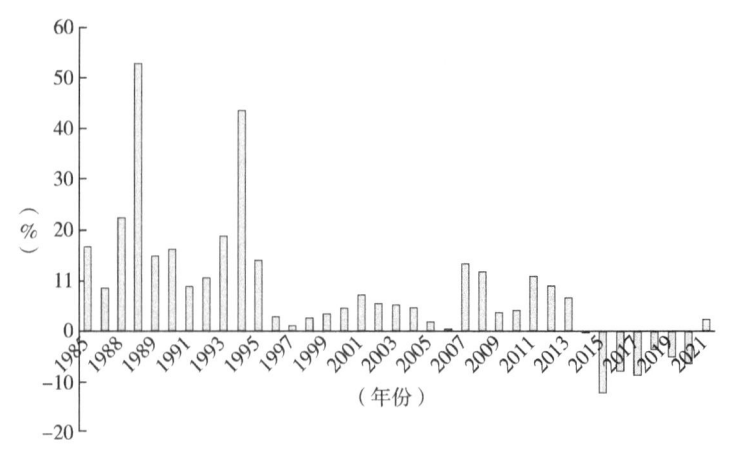

图 2-2　1986—2022 年北京市一产逐年增速图

2. 工业受高基数影响呈现降势，部分高端领域增势较好

2022 年，北京市规模以上工业增加值按可比价格计算，比 2021 年下降 16.7%，剔除新冠疫苗生产因素，增长 2.5%。重点行业中，电力、热力生产和供应业增长 9.8%，计算机、通信和其他电子设备制造业增长 3.6%，汽车制造业下降 2.6%，医药制造业下降 58.3%（剔除新冠疫苗生产因素，增长 6.4%）。装备制造领域中，专用设备制造业，通用设备制造业，铁路、船舶、航空航天和其他运输设备制造业，仪器仪表制造业分别增长 10.2%、7.1%、3.7% 和 2.5%。部分高端或新兴领域产品生产较好，新能源汽车、风力发电机组、气动元件产量比 2021 年分别增长 1.9 倍、45.6% 和 36.5%（见图 2-3）。

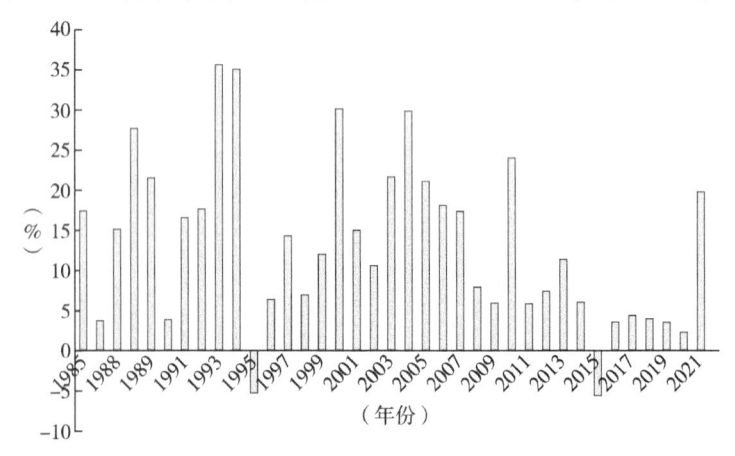

图 2-3　1986—2022 年北京市规模以上工业总产值逐年增速图

3. 服务业总体较为平稳，现代服务业持续支撑带动

2022年，北京市第三产业增加值按不变价格计算，比2021年增长3.4%。其中，信息传输、软件和信息技术服务业实现增加值7456.2亿元，增长9.8%；金融业实现增加值8196.7亿元，增长6.4%；科学研究和技术服务业实现增加值3465.0亿元，增长1.8%，三个行业增加值合计占第三产业的比重为54.8%，比2021年提高1.7个百分点。

4. 固定资产投资稳定增长，高技术产业投资规模快速扩大

2022年，北京市固定资产投资（不含农户）比2021年增长3.6%。分领域看，基础设施投资增长5.2%，房地产开发投资增长1.0%。分产业看，第一产业投资增长11.6%；第二产业投资增长20.5%，其中制造业投资增长18.4%；第三产业投资增长1.7%，其中科学研究和技术服务业投资增长60.7%，金融业投资增长41.3%，信息传输、软件和信息技术服务业投资增长36.0%，租赁和商务服务业投资增长31.0%。高技术产业投资保持较快增势，高技术制造业投资增长28.3%，高技术服务业投资增长41.3%。社会领域中的教育投资、卫生和社会工作投资分别增长13.0%和10.9%（见图2-4）。

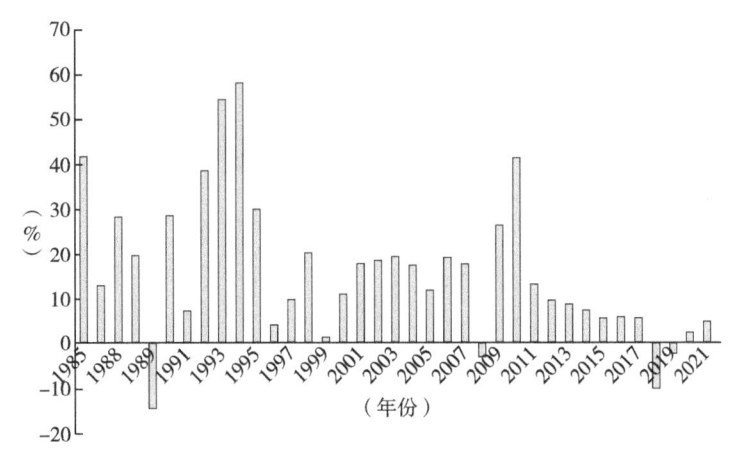

图2-4 1985—2021年北京市固定资产投资逐年增速图

2022年年底，北京市房屋施工面积13333.1万平方米，比2021年年底下降5.1%，其中住宅施工面积6713.6万平方米，下降2.6%。全年商品房销售面积1040.0万平方米，下降6.1%，其中住宅销售面积741.9万平方米，下降15.4%。

5. 消费受新冠疫情影响较大，基本生活类、升级类消费保持增长

2022年，北京市市场总消费额比2021年下降4.9%。其中，服务性消费

额下降 2.9%；实现社会消费品零售总额 13794.2 亿元，下降 7.2%。社会消费品零售总额中，按消费形态分，商品零售 12832.6 亿元，下降 6.6%，餐饮收入 961.6 亿元，下降 15.2%。按商品类别分，限额以上批发和零售业中，与基本生活消费相关的粮油食品类、饮料类商品零售额分别增长 6.0% 和 2.4%；与升级类消费相关的金银珠宝类、文化办公用品类商品零售额分别增长 10.6% 和 0.6%，汽车类商品零售额下降 13.4%，其中新能源汽车增长 17.1%。限额以上批发零售业、住宿餐饮业实现网上零售额 5485.6 亿元，比 2021 年增长 0.4%（见图 2-5）。

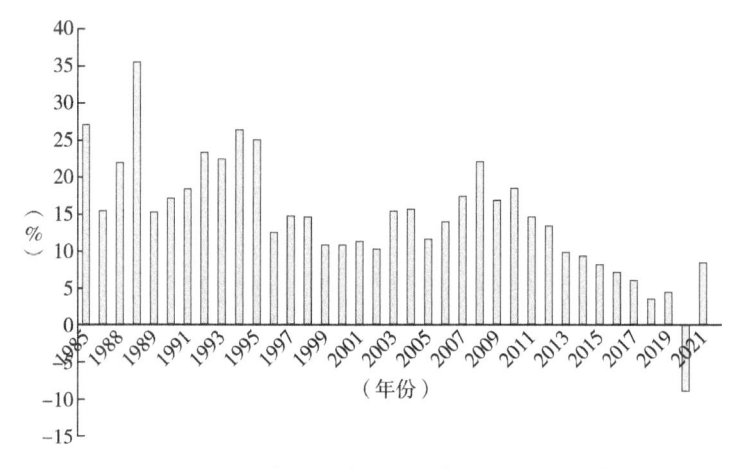

图 2-5　1985—2021 年北京市社会消费品零售总额逐年增速图

6. 居民消费价格涨势温和，工业生产者价格同比上涨

2022 年，北京市居民消费价格比 2021 年上涨 1.8%。其中，消费品价格上涨 2.8%，服务价格上涨 0.7%。分类别看，交通通信类价格上涨 5.0%，食品烟酒类价格上涨 3.1%，生活用品及服务类价格上涨 1.6%，其他用品及服务类价格上涨 1.6%，医疗保健类价格上涨 0.7%，教育文化娱乐类、居住类、衣着类价格均上涨 0.6%。12 月份，居民消费价格同比上涨 1.8%，环比上涨 0.3%（见图 2-6）。

2022 年，北京市工业生产者出厂价格比 2021 年上涨 2.3%，购进价格比 2021 年上涨 6.2%。12 月份，工业生产者出厂价格同比上涨 0.8%，环比持平；购进价格同比上涨 2.4%，环比上涨 0.6%。

7. 就业形势总体稳定，居民收入稳步增加

2022 年，北京市城镇调查失业率均值为 4.7%，运行在 5.0% 的年度调控

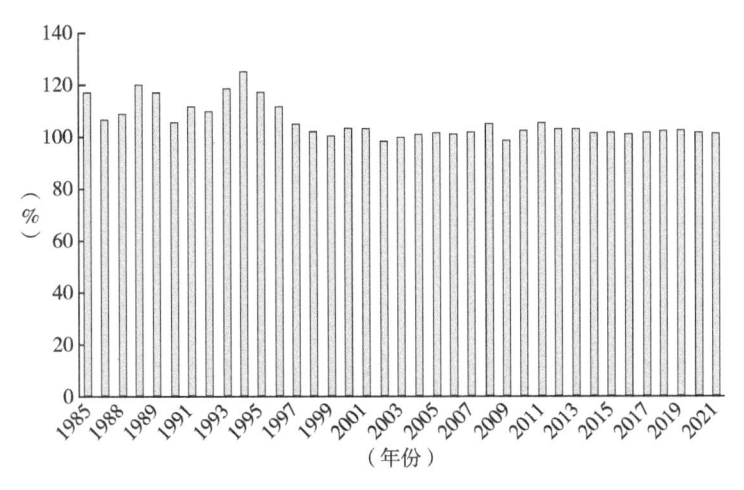

图 2-6 1985—2021 年北京市居民消费价格指数逐年增速图

目标内。2022 年，全市居民人均可支配收入 77415 元，比 2021 年增长 3.2%。其中，工资性收入增长 4.6%，转移净收入增长 2.6%，财产净收入下降 0.3%，经营净收入下降 3.9%。分城乡看，城镇居民人均可支配收入 84023 元，增长 3.1%；农村居民人均可支配收入 34754 元，增长 4.4%。

2.2.2 天津市经济社会状况

初步核算，2021 年天津市地区生产总值 15695.05 亿元，按可比价格计算，比 2020 年增长 6.6%。其中，第一产业增加值 225.41 亿元，比 2020 年增长 2.7%；第二产业增加值 5854.27 亿元，增长 6.5%；第三产业增加值 9615.37 亿元，增长 6.7%。三次产业结构为 1.4∶37.3∶61.3（见图 2-7、图 2-8）。

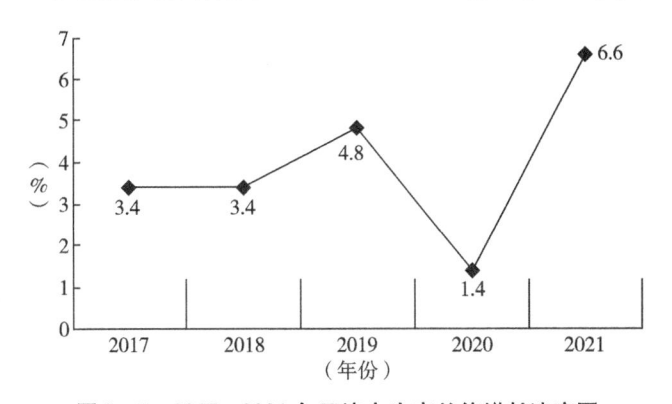

图 2-7 2017—2021 年天津市生产总值增长速度图

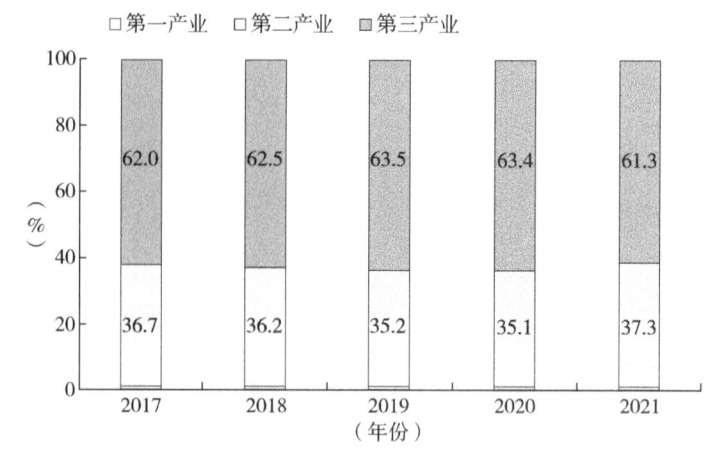

图 2-8 2017—2021 年天津市三次产业结构图

财政收入增长较快。全年一般公共预算收入 2141.04 亿元，比 2020 年增长 11.3%，其中税收收入 1621.87 亿元，增长 8.1%，占一般公共预算收入的比重为 75.8%。主体税种均保持增长，增值税 673.17 亿元，企业所得税 337.34 亿元，个人所得税 129.04 亿元，分别比 2020 年增长 3.5%、8.6% 和 24.8%。全年一般公共预算支出 3150.25 亿元，与 2020 年持平。其中，教育支出增长 9.3%，社会保障和就业支出增长 14.8%，卫生健康支出增长 2.9%，住房保障支出增长 7.4%。

动能转换不断加快。新产业发展势头良好，高技术产业（制造业）增加值比 2020 年增长 15.5%，快于全市规模以上工业增速 7.3 个百分点，占比为 15.5%，比 2020 年提高 0.1 个百分点。工业战略性新兴产业增加值增长 10.3%，快于全市规模以上工业增速 2.1 个百分点，占比为 26.1%。规模以上服务业中，新服务营业收入增长 19.9%，战略性新兴服务业和高技术服务业营业收入分别增长 7.5% 和 10.1%。高技术产业投资增长 38.2%，其中高技术制造业投资增长 22.5%，高技术服务业投资增长 57.5%。新产品产量实现快速增长，服务机器人、新能源汽车、集成电路等产量分别增长 1.7 倍、54.3% 和 53.2%。

数字赋能提速加力。实施数字化发展三年行动，出台数字经济"1+3"行动方案，打造"津产发"数字经济综合应用平台和 41 个应用场景，工业互联网进一步拓展，现代冶金、轻纺产业加速迈向智能化高端化绿色化，海尔互联工厂成为全球"灯塔工厂"。北方大数据交易中心加快建设，"云服务""云体验"等新业态新模式不断涌现，用云量规模和赋智量增速位居全国上游。

营商环境持续优化。持续深化"放管服"改革,"一制三化"改革升级版加快实施。"证照分离"改革全面落地,办理涉企经营许可事项13.1万件。全力推行企业登记"一网通办",制定网上办、一次办、马上办、零跑动、全市通办等事项清单3795项,服务效能不断提升。中国(天津)知识产权保护中心建成,城市综合信用排名稳居全国前列。全年新登记市场主体26.78万户,增长4.5%;其中民营市场主体26.58万户,增长4.4%。

民营市场活力不断释放。全年民营经济增加值5954.67亿元,比2020年增长6.8%,占比为37.9%。规模以上民营企业工业增加值增长7.3%,占比26.5%;限额以上民营企业批发和零售业商品销售额增长29.0%,快于全市限上销售额增速2.4个百分点,占比60.1%,比2020年提高1.1个百分点;限额以上民营企业住宿和餐饮业营业额增长24.4%,快于全市限上营业额增速4.2个百分点,占比59.5%,比2020年提高2.0个百分点;民营企业出口额增长19.7%,占比为41.3%。

居民消费价格温和上涨。全年居民消费价格上涨1.3%,涨幅比2020年回落0.7个百分点。分类别看,食品烟酒价格上涨1.3%,衣着下降2.2%,居住上涨0.7%,生活用品及服务上涨1.0%,交通通信上涨4.7%,教育文化娱乐上涨3.4%,医疗保健与2020年持平,其他用品及服务下降2.2%(见表2-1)。

表2-1　2021年天津市居民消费价格涨幅表

指标	比2020年上涨(%)
居民消费价格	1.3
其中:食品烟酒	1.3
衣着	-2.2
居住	0.7
生活用品及服务	1.0
交通和通信	4.7
教育文化和娱乐	3.4
医疗保健	0.0
其他用品和服务	-2.2

工业生产者价格持续上涨。全年工业生产者出厂价格比2020年上涨10.9%,购进价格上涨14.7%。

1. 农业

农业生产提质增效，全年农林牧渔业总产值509.26亿元，比2020年增长2.1%。其中，农业产值258.39亿元，增长1.8%；牧业产值142.48亿元，增长9.8%。粮食产量再创历史新高，粮食总产量达到249.9万吨，连续6年稳定在200万吨以上，增长9.5%。生猪稳产保供取得显著成效，年末生猪存栏171.2万头，增长5.4%；全年出栏203.9万头，增长5.1%；猪肉产量17.1万吨，增长11.2%（见图2-9）。

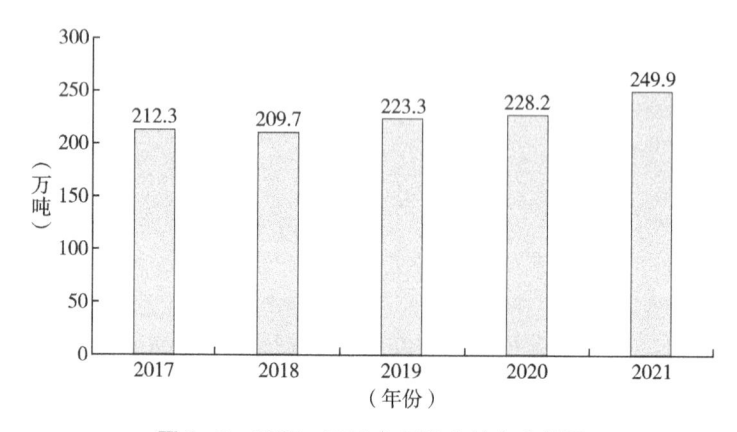

图2-9　2017—2021年天津市粮食产量图

现代都市型农业持续优化。大力推动高标准农田建设和全程社会化服务，全年建成高标准农田面积27.1万亩，新增设施农业20万亩，新增高效节水灌溉面积7.1万亩，发展稻渔综合种养50万亩，病虫害统防统治实现全覆盖，水稻机耕、机插、机收率均达100%。小站稻和宝坻区列入全国全产业链重点链和水稻全产业链典型县，小站稻种植面积达101.9万亩，品牌影响力和知名度持续提升。

2. 工业和建筑业

"制造业立市"扎实推进，全年全市工业增加值5224.57亿元，比2020年增长8.0%，制造业增加值占地区生产总值比重为24.1%，规模以上工业增加值增长8.2%。规模以上工业中，分门类看，采矿业增加值增长3.3%，制造业增长8.3%，电力、热力、燃气及水生产和供应业增长17.9%。分经济类型看，国有企业增加值增长12.0%，民营企业增长7.3%，外商及港澳台商企业增长6.5%。分企业规模看，大型企业增加值增长6.3%，中小微型企业增加值增长10.3%，快于规模以上工业增速2.1个百分点。分重点行业看，医药制造业增加值增长18.9%，计算机、通信和其他电子设备制造业增长13.1%，石油、煤炭及其他燃料加工业增长22.5%。规模以上工业在目录的403种产品中，58.8%的产品产量实现增长。生物医药、信息安全等先进制造业集群不断壮大，"细胞谷""北方声谷"等加快建设，认定"信创谷"等10个产业主题园区。

（1）重点产业链加速提质。全面实施"链长制"，大力实施产业链高质量发展三年行动计划，集中攻坚信创、高端装备、集成电路等12条重点产业链，产业基础高级化、产业链现代化实现大踏步前进。12条重点产业链工业增加值增长9.6%，快于规模以上工业增速1.4个百分点；在链工业企业营业收入、利润总额分别增长21.0%、57.8%，分别快于规模以上工业2.1个、7.1个百分点（见表2-2）。

表2-2 2021年天津市主要工业品产量表

产品名称	单位	产量	比2020年增长（%）
天然原油	万吨	3407.02	5.1
天然气	亿立方米	39.02	7.5
发电量	亿千瓦时	775.20	1.9
中成药	吨	20171.90	32.3
钢材	万吨	5991.73	0.8
电梯	台	70811	23.6
新能源汽车	辆	25784	54.3
光纤	万千米	2198.17	11.8
光缆	万芯千米	508.93	28.4
集成电路	亿块	29.84	53.2
电子元件	亿只	9910.35	14.8
光电子器件	亿只	272.91	8.6
锂离子电池	亿只	9.21	26.1

（2）工业效益增长较快。全年规模以上工业营业收入比2020年增长18.9%，利润总额比2020年增长50.7%，营业收入利润率为6.45%，比2020年提高1.29个百分点。减税降费扎实推进，年末规模以上工业企业资产负债率为54.1%，比2020年年末降低0.3个百分点；全年规模以上工业企业百元营业收入成本85.66元，比2020年减少0.14元。

（3）建筑业健康发展。全年建筑业总产值4653.05亿元，增长6.0%。建筑业企业房屋施工面积18022.62万平方米，其中新开工面积4580.40万平方米。截至2021年年底，全市具有特级、一级资质的总专包建筑业企业360家，比2020年年末增加24家。

3. 服务业

服务业生产稳步恢复。全年批发和零售业增加值1496.09亿元，比2020年增长8.8%，批发和零售业商品销售额增长26.1%，其中限额以上批发和零售业商品销售额增长26.6%；交通运输、仓储和邮政业增加值871.10亿元，增长8.7%；住宿和餐饮业增加值137.05亿元，增长6.7%，住宿和餐饮业营业额增长14.3%，其中限额以上住宿和餐饮业营业额增长20.2%；金融业增加值2153.18亿元，增长2.7%；房地产业增加值1083.80亿元，增长6.2%。全年规模以上服务业企业营业收入比2020年增长19.6%，其中生产性服务业营业收入比2020年增长24.3%。会展经济、互联网相关服务、商务服务、专业技术服务等现代服务业增长较快。全年共举办国际汽车展、105届糖酒会等展会共63场，展览面积172.66万平方米。互联网和相关服务、商务服务、专业技术服务等营业收入分别增长14.3%、18.5%和15.3%。

世界一流智慧绿色港口建设加力推进。北疆港区C段智能化集装箱码头投产运营，成为全球首个"智慧零碳"码头。全市集装箱吞吐量突破2000万标箱，达到2027万标箱，增长10.4%，位居全球十大港口前列，港口货物吞吐量5.30亿吨，增长5.3%。海铁联运量突破100万标箱（见图2-10）。

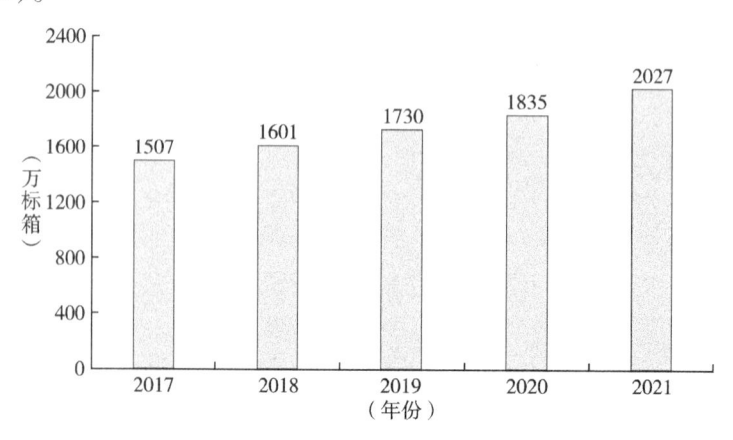

图2-10　2017—2021年天津市集装箱吞吐量图

客货运输保持增长。全年全市货运量 57568.27 万吨,增长 7.5%;货物周转量 2681.69 亿吨千米,增长 2.8%。全年客运量 1.35 亿人次,增长 16.4%;旅客周转量 324.04 亿人千米,增长 16.2%。机场旅客吞吐量 1512.17 万人次,增长 13.8%;货邮吞吐量 19.49 万吨,增长 5.4%(见表 2-3、表 2-4)。

表 2-3　2021 年天津市货物运输业业务量及增长速度表

指标	单位	绝对数	比 2020 年增长（%）
货运量	万吨	57568.27	7.5
#铁路	万吨	11750.00	5.6
公路	万吨	34527.01	7.0
水运	万吨	10158.69	11.2
货物周转量	亿吨千米	2681.69	2.8
#铁路	亿吨千米	553.59	6.8
公路	亿吨千米	672.71	5.1
水运	亿吨千米	1451.26	0.6
机场货邮吞吐量	万吨	19.49	5.4

表 2-4　2021 年天津市旅客运输业业务量及增长速度表

指标	单位	绝对数	比 2020 年增长（%）
客运量	万人	13516.42	16.4
#铁路	万人	3405.56	29.2
公路	万人	8915.57	12.5
旅客周转量	亿人千米	324.04	16.2
#铁路	亿人千米	116.61	21.5
公路	亿吨千米	54.30	14.4
机场旅客吞吐量	万人次	1512.17	13.8

截至 2021 年年底,全市民用汽车拥有量 360.03 万辆,其中私人汽车拥有量 309.54 万辆;民用轿车 223.70 万辆,其中私人轿车 206.16 万辆(见图 2-11)。

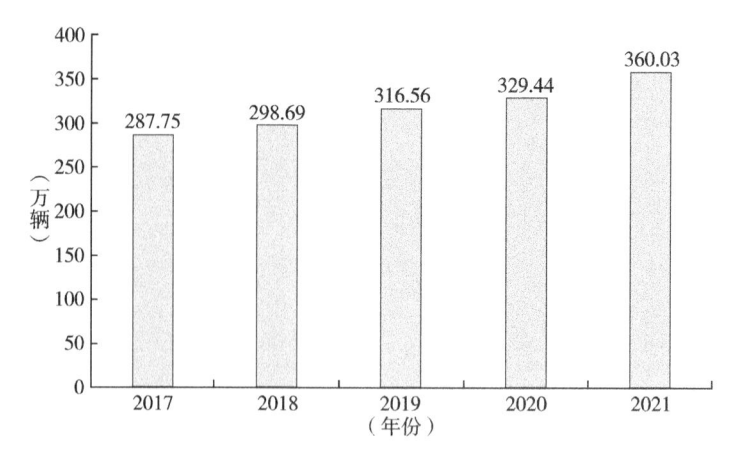

图 2-11　2017—2021 年天津市民用汽车拥有量图

邮电业务快速增长。全年邮电业务总量 345.07 亿元，增长 28.9%。其中，电信业务总量 206.31 亿元，增长 31.2%；邮政业务总量 138.75 亿元，增长 25.7%。全年快递业务量 12.34 亿件，增长 33.0%。年末固定电话用户 331.1 万户，移动电话用户 1745.1 万户，固定互联网宽带接入用户 584.5 万户。全年累计建成 5G 基站 2.5 万个，获评全国首批千兆城市（见图 2-12）。

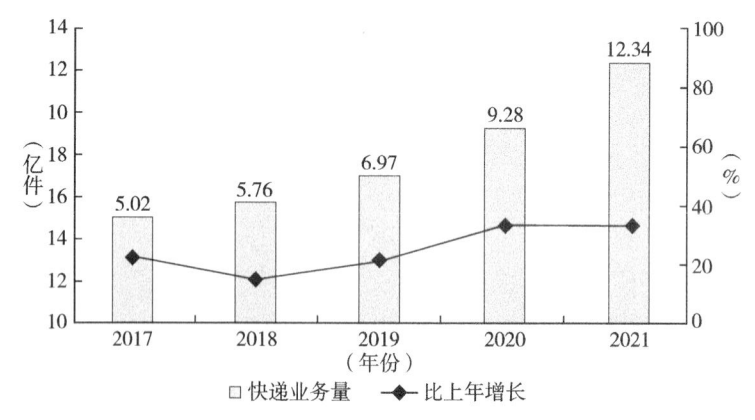

图 2-12　2017—2021 年天津市快递业务量及增速图

4. 国内贸易

消费市场持续恢复。获批率先培育建设国际消费中心城市，制定实施国际消费中心城市建设方案，推出海河国际消费季、发展新型消费、活跃假日消费、汽车促销等举措，以佛罗伦萨小镇、V1 汽车世界、创意米兰生活广场为代表的新型消费商圈拓展升级，消费潜力进一步释放。加快实施天津发展夜间经济十大行动，激发市民夜间消费潜力。完成金街提升改造工作，改造提升商业载体面积13.9万平方米。全年社会消费品零售总额增长5.2%，其中限额以上社会消费品零售总额增长7.5%。限额以上商品网上零售额增长8.0%，占限额以上社会消费品零售总额比重达26.2%。

消费结构提档升级。限额以上单位商品零售额中，服装、鞋帽、针纺织品类零售额增长5.3%，日用品类增长16.2%，体育、娱乐用品类增长37.5%，智能家用电器和音像器材增长2.1倍，金银珠宝类增长32.8%，化妆品类增长27.5%，新能源汽车增长74.4%，智能手机增长12.4%。

5. 固定资产投资

固定资产投资平稳增长。全年固定资产投资（不含农户）比2020年增长4.8%。分产业看，第一产业投资下降45.8%，第二产业投资增长7.8%，第三产业投资增长4.9%。分领域看，工业投资增长7.6%，其中制造业投资增长13.8%；基础设施投资增长1.7%，其中交通运输和邮政投资增长2.7%，信息传输和信息技术服务投资增长47.4%。

房地产市场保持稳定。全年房地产开发投资增长6.2%。全市新建商品房销售面积增长9.8%，其中住宅销售面积增长9.3%；商品房销售额增长9.9%，其中住宅销售额增长9.1%。

6. 金融

金融市场发展稳健。全年全市社会融资规模增量累计3184亿元。年底中外金融机构本外币各项存款余额35903.09亿元，比年初增加1758.08亿元，比2020年年底增长5.2%。各项贷款余额41054.17亿元，比年初增加2194.78亿元，增长5.7%；其中，制造业、高技术制造业、高技术产业中长期贷款分别增长7.3%、17.1%和22.9%。

证券市场规模持续提升。全年新增上市公司3家，年底全市上市公司共有63家。年底证券账户684.19万户，比2020年年底增长9.3%。全年各类证券交易额66785.01亿元，增长8.9%。其中，股票交易额39145.17亿元，增长8.1%；债券交易额24181.63亿元，增长7.8%；基金交易额3174.58亿元，增长25.2%。期货市场成交额132583.75亿元，增长2.3%。

保险市场平稳增长。全年原保险保费收入660.47亿元，比2020年增长2.8%。其中，财产险业务原保险保费收入154.11亿元，下降5.1%；人身险业务原保险保费收入506.36亿元，增长5.5%。全年赔付支出187.30亿元，增长13.4%。其中，财产险业务赔付支出96.19亿元，增长16.4%；人身险业务赔付支出91.10亿元，增长10.3%。年底共有保险机构374家，保险公司从业人员7.97万人。

7. 开发开放

贸易规模创历史新高。全年外贸进出口总额8567.42亿元，比2020年增长16.3%。其中，进口4691.82亿元，增长9.3%；出口3875.61亿元，创近5年来新高，增长26.1%。从贸易方式看，一般贸易出口2239.24亿元，占全市出口比重为57.8%，比2020年提高1.0个百分点，增长28.3%，快于全市出口增速2.2个百分点；加工贸易出口1182.19亿元，增长3.4%。从贸易伙伴看，对欧盟、美国、日本、韩国、东盟出口分别增长35.8%、9.1%、23.4%、22.5%和17.5%。"一带一路"、RCEP市场份额不断提升，全年对"一带一路"沿线国家出口占比33.3%，对RCEP成员国出口占比29.5%（见图2-13）。

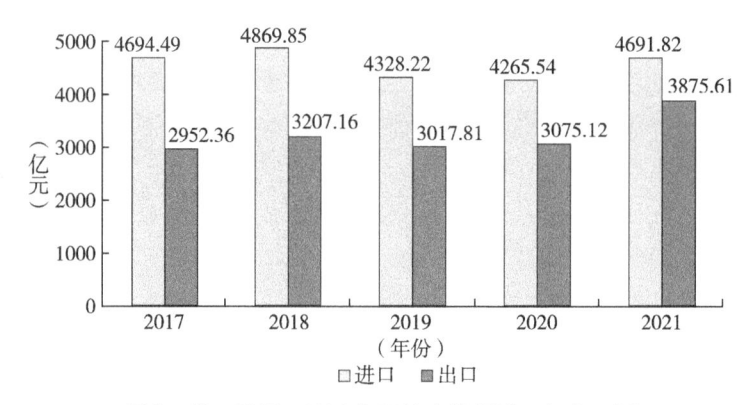

图2-13　2017—2021年天津市外贸进口与出口图

2.2.3　河北省经济社会状况

河北省在2017—2022年5年内综合经济实力得到稳步提升。全省生产总值从2017年的3.06万亿元增长到2022年的4.2万亿元，一般公共预算收入从3233.8亿元增长到4084亿元，居民年人均可支配收入从21484元增长到30880元。粮食连年丰收、总产稳定在3.7亿千克以上。南水北调中线配套工程、太行山高速等一批重大基础设施建成投用。新增高速公路1794千米，新改建农村公路4.1万千米，铁路通车总里程达到8050千米、居全国第二位，港口年设计通过能力达到11.6亿吨，发展支撑能力进一步增强。

过去5年，河北省坚决去、主动调、加快转，供给侧结构性改革持续深化。超额完成 6 大行业去产能任务，钢铁产能由 2.39 亿吨减至 1.9 亿多吨。装备制造业成长为万亿级产业，营业收入超百亿元县域特色产业集群达 76 个，培育国家制造业单项冠军 17 家。国家高新技术企业从 3174 家增长到 1.24 万家，高新技术产业增加值年均增长 10%，高端装备制造、电子信息等战略性新兴产业规模壮大，数字经济发展势头良好，新动能加速成长。

在这 5 年间，河北省生态环境显著改善。全省 $PM_{2.5}$ 平均浓度累计下降 40.6%，空气质量创有监测记录以来最好水平；地表水水质优良比例提高 42.1 个百分点。统筹山水林田湖草沙系统治理，累计压减地下水超采量 33.1 亿立方米、基本实现采补平衡，治理水土流失面积 1.1 万平方千米，森林覆盖率从 33% 提高到 35.6%，塞罕坝林场荣获联合国"土地生命奖"。扎实推进碳达峰碳中和，单位 GDP 能耗下降 22%，绿色转型取得新进展。

人民生活水平不断提高。在 2017—2022 年 5 年内，河北省连续实施 20 项民生工程，解决了一批群众急难愁盼问题。集中力量打赢脱贫攻坚战，全省现行标准下农村贫困人口全部脱贫，乡村振兴实现良好开局。五年城镇新增就业 445 万人。基本养老保险覆盖 5431 万人，基本医疗保险参保率稳定在 95% 以上。健康河北行动深入实施，各类教育质量不断提升，文化体育事业繁荣发展。养老托育服务体系更加健全，城乡居民住房条件得到改善。平安河北加快建设，安全生产形势总体平稳，防灾减灾救灾能力持续增强，一批风险隐患有效化解，扫黑除恶专项斗争深入开展，社会大局保持稳定。

在近 5 年时间里，京津冀协同发展中期目标顺利实现。京张高铁、京雄城际建成投用，京秦高速全线贯通，京津冀交通一体化格局基本成型；承接京津转入基本单位超 3 万个，一批产业转移项目建成投产；首都"两区"建设成效明显，生态屏障更加坚固。全力办好千年大计、国家大事，雄安新区"1+4+26"规划体系编制实施，重点片区和重点工程建设扎实推进，城市框架全面拉开；首批疏解学校、医院有序落地，140 多家央企机构注册新区；白洋淀水质持续提升，千年秀林绿意盎然，雄安壮美画卷徐徐铺展。

2.3 京津冀三地地理环境状况

2.3.1 北京市地理环境状况

北京位于东经 115.7°~117.4°，北纬 39.4°~41.6°，总面积 16412 平方

千米。北京位于中国华北平原北部，毗邻渤海湾，上靠辽东半岛，下临山东半岛。北京与天津相邻，并与天津一起被河北省环绕。

北京的气候为典型的北温带半湿润大陆性季风气候，夏季高温多雨，冬季寒冷干燥，春、秋短促。全年无霜期180~200天，西部山区较短。降水季节分配很不均匀，全年降水的80%集中在夏季6、7、8三个月。

2.3.2 天津市地理环境状况

天津位于东经116°43′至118°04′，北纬38°34′至40°15′之间。市中心位于东经117°10′，北纬39°10′。地处华北平原北部，东临渤海，北依燕山。天津位于海河下游，地跨海河两岸，是北京通往东北、华东地区铁路的交通咽喉和远洋航运的港口，有"河海要冲"和"畿辅门户"之称。对内腹地辽阔，辐射华北、东北、西北13个省（市自治区），对外面向东北亚，是中国北方最大的沿海开放城市。

天津地处北温带位于中纬度亚欧大陆东岸，主要受季风环流的支配，是东亚季风盛行的地区，属暖温带半湿润季风性气候。临近渤海湾，海洋气候对天津的影响比较明显。主要气候特征：四季分明，春季多风，干旱少雨；夏季炎热，雨水集中；秋季气爽，冷暖适中；冬季寒冷，干燥少雪。

2.3.3 河北省地理环境状况

河北省环抱首都北京，地处东经113°27′~119°50′，北纬36°05′~42°40′。总面积18.85万平方千米，省会石家庄市。北距北京283千米，东与天津市毗连并紧傍渤海，东南部、南部衔山东、河南两省，西倚太行山与山西省为邻，西北部、北部与内蒙古自治区交界，东北部与辽宁省接壤。

河北省地势西北高、东南低，由西北向东南倾斜。地貌复杂多样，高原、山地、丘陵、盆地、平原类型齐全，有坝上高原、燕山和太行山山地、河北平原三大地貌单元。坝上高原属蒙古高原一部分，地形南高北低，平均海拔1200~1500米，面积15954平方千米，占河北省总面积的8.5%。燕山和太行山山地，包括中山山地区、低山山地区、丘陵地区和山间盆地4种地貌类型，海拔多在2000米以下，高于2000米的孤峰类有10余座，其中小五台山高达2882米，为河北省最高峰。山地面积90280平方千米，占河北省总面积的48.1%。河北平原区是华北大平原的一部分，按其成因可分为山前冲洪积平原，中部中湖积平原区和滨海平原区3种地貌类型，全区面积81459平方千米，占河北省总面积的 43.4%。

河北属温带大陆性季风气候。大部分地区四季分明。年日照时数 2303.1 小时，年无霜期 81~204 天，年均降水量 484.5 毫米；月平均气温在 3℃ 以下，7 月平均气温 18℃~27℃，四季分明。

2.4 京津冀三地自然资源状况

2.4.1 北京市自然资源状况

1. 水资源

北京天然河道自西向东贯穿 5 大水系：拒马河水系、永定河水系、北运河水系、潮白河水系、蓟运河水系。多由西北部山地发源，向东南蜿蜒流经平原地区，最后分别汇入渤海。北京没有天然湖泊。北京市有水库 85 座，其中大型水库有密云水库、官厅水库、怀柔水库、海子水库。北京市地下水多年平均补给量约为 29.21 亿立方米，平均年可开采量 24 亿~25 亿立方米。一次性天然水资源年平均总量为 55.21 亿立方米。2013 年北京市总用水量 35.3 亿立方米，比 2012 年增长 1.4%。其中，生活用水 14.5 亿立方米，增长 4.3%；工业用水 5.6 亿立方米，下降 3.4%；农业用水 12 亿立方米，下降 3.2%。

2. 矿产资源

2013 年北京已发现的矿种共 67 种，矿床、矿点产地 476 处，列入国家储量表的矿种 44 种，其中：能源矿产 2 种；黑色金属矿产 4 种；有色金属、贵金属及分散元素矿产 11 种；冶金辅助原料非金属矿产 7 种；化工原料非金属矿产 5 种；建材及其他非金属矿产 15 种。共有产地 300 处，其中黑色金属产地 49 处，有色金属产地 35 处，冶金辅助原料非金属产地 43 处，化工原料非金属产地 68 处，建材及其他非金属产地 75 处，煤炭产地 30 处。

3. 植物资源

北京市地带性植被类型是暖温带落叶阔叶林并间有温性针叶林的分布。大部分平原地区已成为农田和城镇，只在河岸两旁局部洼地发育着以芦苇、香蒲、慈菇等为主的洼生植被，但多数洼地已被开辟为鱼塘，在撂荒地及田埂、路旁多杂草；湖泊、水塘中发育着沉水和浮叶的水生植被。海拔 800 米以下的低山代表性的植被类型是栓皮栎林、栎林、油松林和侧柏林。海拔 800 米以上的中山，森林覆盖率增大，其下部以辽东栎林为主，海拔 1000~2000

米，桦树增多，在森林群落破坏严重的地段，为二色胡枝子、榛属、绣线菊属占优势的灌丛。海拔 1800～1900 米以上的山顶生长着山地杂类草草甸。

4. 动物资源

北京地区的动物区系有属于蒙新区东部草原、长白山地、松辽平原的区系成分，也有东洋界季风区、长江南北的动物区系成分，故北京的动物区系有由古北界向东洋界过渡的动物区系特征。截至 2009 年，此动物区系中有兽类约 40 种，鸟类约 220 种，爬行动物 16 种，两栖动物 7 种，鱼类 60 种。

2.4.2 天津市自然资源状况

1. 水资源

天津地跨海河两岸，而海河是华北最大的河流，由大沽口入海。干流全长 72 千米，平均河宽 100 米，水深 3～5 米，历史上河通航 3000 吨海轮。流经天津的一级河道有 19 条，总长度为 1095.1 千米。二级河道有 79 条，总长度为 1363.4 千米，深渠 1061 条，总长度为 4578 千米。天津还多次引黄济津，并有一定数量的地下水。引滦入津输水工程是天津 20 世纪 80 年代兴修的大型水利工程，把水引到天津，每年向天津输水 10 亿立方米。天津地下水蕴藏量丰富，山区多岩溶裂隙水，水质最好，矿化度低，泉水流量一般为 7.2～14.6 吨/小时，雨季最大可达 720～800 吨/小时。全市有大型水库 3 座，总库容量 3.4 亿立方米。

2. 矿产资源

天津市已探明的金属矿、非金属矿和燃料矿有 20 多种。金属矿和非金属矿主要分布在天津北部山区。金属矿主要有锰硼石、锰、金、钨、钼、铜、锌、铁等，其中锰、硼不仅为国内首次发现，也为世界所罕见。非金属矿主要有水泥石灰岩、重晶石、迭层石、大理石、天然油石、紫砂陶土、麦饭石等，都具有较高的开采价值。

水泥灰岩是天津市非金属矿产中的优势矿种，已探明工业储量的矿产地有 5 个，矿体赋存于中元古界蓟州区系铁岭组石灰岩层中，含 CaO48%～50.7%。已探明工业储量的 5 个矿产地是东营房、转山、铁岭、老虎顶和渔山，探明储量 1.8 亿吨。水泥灰岩矿产已成为天津市水泥工业生产的重要资源。

天津市蓟州区紫砂陶土矿赋存于中上元古界两个层位，即串岭沟组和洪水庄组的伊利石页岩。其中串岭沟组伊利页岩分布在下营镇至小港乡一线，全长 12 千米，宽 2 千米，出露面积 24 平方千米，露天储量可达 7 亿吨。两个层位的伊利石岩是一个大型黏土矿床，是紫砂陶器的优质矿物原料。

天津有充足的油气资源。燃料矿主要埋藏在平原区和渤海湾大陆架，有石油、天然气和煤成气等。天津有渤海和大港两大油田，是国家重点开发的油气田。已探明石油储量 40 亿吨，油田面积 100 多平方千米，天然气地质储量 1500 多亿立方米，煤田面积 80 平方千米。

3. 地热资源

天津市蕴藏较为丰富的地下热水资源。天津地区地热资源属于非火山沉积盆地中、低温热水型地热。水温多为 30℃～90℃，具有埋藏浅、水质好的特点，已发现的 10 个具有勘探和开发利用价值的地热异常区，面积 2434 平方千米，热水总储藏量达 1103.6 亿立方米，是中国迄今最大的中低温地热田。

4. 海洋资源

天津海岸线位于渤海西部海域，南起歧口，北至涧河口，长达 153 千米。海洋资源突出表现为滩涂资源、海洋生物资源、海水资源、海洋油气资源。滩涂面积约 370 多平方千米，正在开发利用。海洋生物资源，主要是浮游生物、游泳生物、底栖生物和潮间带生物。海水成盐量高，自古以来就是著名的盐产地，拥有中国最大的盐场。进行海水淡化，解决淡水不足的潜力很大。海洋油气资源丰富，已发现 45 个含油构造，储量十分可观。

天津有取之不尽的海盐资源。天津有约 153 千米的海岸线，中国最著名的海盐产区长芦盐场就位于这里，2005 年年产原盐 230 万吨，占全国海盐总产量的 1/10。

5. 生物资源

天津市植被大致可分为针叶林、针阔叶混交林、落叶阔叶林、灌草丛、草甸、盐生植被、沼泽植被、水生植被、沙生植被、人工林、农田种植植物 11 种。天津市野生动物共有 497 种，其中有国家重点保护动物 73 种。

6. 土地资源

天津市土地资源丰富，其中耕地面积 48.56 万公顷（1 公顷 = 1 万平方米），占全市土地总面积的 40.7%；园地面积 37324 公顷，占 3.13%；林地 34227 公顷，占 2.87%；牧草地 594 公顷，占 0.05%；居民点及工矿用地 218345 公顷，占 18.33%；交通用地 32937 公顷，占 2.76%；水域 315089 公顷，占 26.43%；未利用土地 67845 公顷，占 5.69%。在全部土地面积中，国

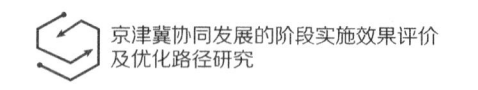

有土地 501.68 万亩，占 28.06%；集体土地 1286.28 万亩，占 71.94%。

2.4.3 河北省自然资源状况

1. 水资源

河北省多年平均（1956—2000 年）降水量 531.7 毫米，多年平均水资源总量 204.69 亿立方米，为全国水资源总量 28412 亿立方米的 0.72%。其中地表水资源量为 120.17 亿立方米，地下水资源量为 122.57 亿立方米，地表水与地下水的重复计算水量为 38.05 亿立方米。按河北省 2000 年统计公布的人口及耕地数量计算，全省人均水资源量为 306.69 立方米，为全国同期人均水资源量 2195 立方米的 13.97%，约占全国的 1/7，亩均水资源量为 211.04 立方米，为全国同期亩均水资源量 1437 立方米的 14.68%，约占全国的 1/7。

2. 矿产资源

河北省 2013 年已发现各类矿种 151 种，有查明资源储量的 120 种，排在全国前 5 位的矿产有 34 种。截至 2013 年已探明储量的矿产地 1005 处，其中大中型矿产地 439 处，占 43.7%。河北省已开发利用矿产地 786 处，现有各类矿山 6290 家，从业人数 40.8 万人，年开采矿石总量近 5.0 亿吨，采掘业年产值达 362 亿元，形成了以冶金、煤炭、建材、石化为主的矿业经济体系。

河北是国家确定的 13 个煤炭基地之一，即冀中煤炭基地。包括开滦、峰峰、邢台、井陉、蔚县、邯郸、下花园、张家口北部 8 个大矿区和隆尧、大城平原含煤区，涵盖了除承德兴隆矿区以外的所有矿区。煤炭探明储量 147.1 亿吨。

河北省境内有华北、冀东、大港三大油田，累积探明储量 27 亿吨，天然气储量 1800 亿立方米。

3. 地热资源

地热资源分布广泛，主要集中于中南部地区。据河北省地热资源开发研究所统计数据显示，河北省地热资源总量相当于标准煤 418.91 亿吨，地热资源可采量相当于标准煤 93.83 亿吨。全省有开发价值的热水点 241 处，山区 92 处，平原 149 处。全省累计开发地热能井点 139 处。山区热水点平均水温 40℃~70℃，平原热水点水温最高可达 95℃~118℃。

4. 生物资源

河北省植物种类繁多，全省有 204 科、940 属、2800 多种，其中蕨类植物 21 科，占全国的 40.4%；裸子植物 7 科，占全国的 70%；被子植物 144

科，占全国的49.5%。其中国家重点保护植物有野大豆、水曲柳、黄檗、紫椴、珊瑚菜等。

据1990年不完全统计，河北省共有陆生脊椎动物530余种，约占全国的1/4，其中以鸟类居多，约420余种，占全国的36.1%；兽类次之，约80余种，占全国的20.3%左右；两栖类和爬行类较少，分别为8种和23种有国家重点保护动物91种，其中国家一级保护动物18种（兽类1种，鸟类17种），二级保护动物73种（兽类11种，鸟类62种）。另外，还有国家保护的有益的或者有重要经济、科学研究价值的陆生野生动物79种，其中有两栖类3种，爬行类5种，鸟类71种。我国特有的珍稀雉类褐马鸡，仅分布于河北小五台山及附近山区和山西省吕梁山区。

5. 湿地资源

河北省湿地资源丰富，类型众多，既有浅海、滩涂，又有陆地河流、水库、湖泊及洼地，具有重要的保护、科研价值全省湿地面积有11多万平方千米，占河北省土地总面积的59%，其特点：①作为一个干旱省份，湿地资源相对较多，占全省土地总面积的59%，比全国的平均水平27%高一倍多；②湿地类型比较全，既有海岸湿地，又有河流、湖泊、沼泽湿地；③面积小，分布广而零散，除沿海外，没有较大面积的湿地；④湿地相对集中分布在沿海、坝上地区，平原地区、广大山区只有零星分布；⑤平原河流湿地因上蓄下排和气候干旱，大部分已成季节性河流或多年断流；⑥人工湿地面积在河北省占有一定比重，天然湿地面积呈现逐渐缩小趋势。

河北省湿地类型大致可分为近海及海岸湿地、河流湿地、湖泊湿地、沼泽和沼泽化草甸及库溏5大类。由于湿地类型众多，植物群落类型多样，为不同生态类型的野生动物提供了适宜的栖息环境，同时这些湿地也是众多迁徙鸟类途中停息和补充能量的栖息地。

第 3 章 相关概念与理论基础

3.1 关于资源环境和可持续发展的概念与理论

3.1.1 关于资源环境的概念与理论

资源是指基于现有技术条件，现在或技术条件可以预知达到的情况下能被人类利用的一切要素。自然资源主要由自然界已存在的物质资源构成，产生不受人类社会影响，具有有限性、区域性和可用性等特征。环境是指对人类社会而言，对其生存的发展有直接影响或间接影响的一切要素。外部环境受人类社会影响的条件，具有复杂性和关联性等特征。

人们在对自然资源开发利用的过程中，不可避免地对外部环境产生影响，如改变环境的构成或发展方向，但其影响不是毫无控制的，而是有一定限度。资源环境为城市质量提供基础条件，但资源的总量有限以及环境秩序需保持稳定同时也约束着城市质量的发展。

3.1.2 关于可持续发展的概念与理论

可持续发展是指在不危害后代人满足其需要能力的前提下，满足当代人的发展需要。可持续发展基于整个复杂系统，利用实践对系统进行指导，使得整个系统向更有序和更均衡的方向演化。实践包括产业结构的优化、城乡差距的缩小、人民生活质量的提高、科学技术的进步发展以及政府行为的变动等方面。可持续发展概念是在 1980 年发表的《我们的未来》中正式提出的理论。该理论在探索人类与自然环境方面迈出了重要一步，由此，人们认知到自然环境和资源的重要性，人们需要利用有限的资源和自然环境达到可持续利用和发展的目的。

可持续发展理论说明自然环境对生存和城市发展的重要性，同时也表明了环境、经济、社会三大系统稳定发展的重要程度。城市群的发展应遵循可持续发展理论，对城市群资源进行重新规划，划分不同城市的功能和定位，选择符合城市群可持续发展的道路，使整个系统的发展处于动态平衡的状态。不能单方面追求城市的发展，提高资源的利用效率是间接提高城市可持续发展的有效手段。

3.2 关于城市群和高质量发展的概念与理论

3.2.1 关于城市群的概念与理论

城市群是指在一定范围内，以较大城市为该区域核心，与范围内不同产业性质、发展类型，经济等级等相互联系的城市群体。城市群内不同城市的发展水平不同，核心城市一般为发展水平较高的一个或多个城市，在城市群形成后，发展水平较高的城市对发展水平较低的城市有一定的带动作用，在资源交换以及产业互动方面形成互惠互利的结果。生产力发展以及资源和生产要素在城市间的流动是城市群出现的原因，城市间的频繁联系使得城市间经济联系越来越密切，从而紧密程度越来越高。在城市群形成后，城市群在功能、产业、资源等方面由混乱状态向有序状态转化，使城市群资源的配置达到最优化状态。

3.2.2 关于高质量发展的概念与理论

2017年，我国的经济发展由高速发展向高质量发展转变。相较高速发展，高质量发展是城市经济更为健康的发展方式。总体来看，高质量发展是指推动经济稳定增长、促进产业结构优化、创新驱动产业升级、提升企业竞争力，使得城乡居民在高质量发展方面均受益。

我国的高质量发展以新发展理念五大方面为基础。在高质量发展中，通过创新实现资源利用的"高质量"，提高资源利用效率，降低资源的浪费，同时，创新在提升产业效率方面也有较大作用，间接提高产业效益，提升城市高质量发展水平。在高质量发展中，协调尤为重要，城市内部的产业发展阶段和发展速率不同，且不同城市的起始阶段不同和经济发展的效率也有很大差异，会导致高质量发展过程中城市内部各产业和不同城市的发展过程产生矛盾，协调是衡量其发展的重要标准。绿色代表环境，环境既是城市发展的基础，同时也是城市发展的约束，在城市发展过程中，不能仅仅追求效益的提高和产业的升级，环境的保护同样重要，只有经济发展和环境保护达到动态平衡的状态，高质量发展才是科学的。开放是高质量发展的重要组成部分，高质量发展在提升城市自身效益的同时，还需利用周围环境的优势，最终达到合作共赢。共享是高质量发展的最终目标，高质量发展最重要的是依靠人民群众的全力支持，最终成果也应提高全体人民的生活水平。

3.3　关于耦合协调度和系统的概念与理论

3.3.1　关于耦合协调度的概念与理论

耦合协调度、综合耦合度和协调度的分析结果，用于计算整个系统的协调发展水平。耦合是指两个或者两个以上的要素或系统在一定规则下相互作用，形成动态关系较为稳定的新系统。耦合度用来衡量系统内部各要素或各层次间相互影响和相互制约的程度，耦合度越高，说明系统内部各要素或各层次间的影响越强，动态平衡效果越好。协调是指在系统的推进过程中，系统内部各要素以及各层次间相互促进，使系统保持动态平衡的关系。协调度是指系统推进过程中，系统内部各要素或各层次保持相同趋势的程度。协同度高的系统，正向耦合的数量在所有的耦合数量中占有更高的比例，能更好地推动系统由混乱状态向动态平衡状态转变。

在京津冀高质量发展水平的研究中，京津冀区域13个城市为子系统，城市间相互联系构成的城市群作为耦合后的系统，各个城市间相互促进的程度用于协调，因此，京津冀各城市间的正向耦合程度为城市群耦合协调度。以京津冀高质量发展系统为总系统，以绿色、科技、协调等为子系统，因此，子系统间的相互影响为耦合，子系统间的相互推进为协调，城市内部各子系统的正向耦合程度为耦合协调度。综上可知，耦合协调度综合了耦合度和协调度的特性，综合衡量了系统向经济方向发展的能力和潜力。

3.3.2　关于系统的概念与理论

系统是指由两个或多个相互联系、相互制约的要素以一定结构组成的整体，系统内各个要素以与其他要素相互作用的形式存在。系统的特征主要体现在集合性、层次性、相关性、动态性。集合性是指系统的各个要素不是独立存在的，各要素通过一定规则联系起来，使其效益达到最大值，所以，对系统的研究也应基于各要素形成的整体。层次性是指系统可以作为复杂系统的一个层次存在，对复杂系统进行研究时，可以采用层次分析法，但复杂系统的层数也有限制，层数太少不能全面体现系统的要求，层次太多则过程冗余，分析过程复杂。相关性是指系统内部各要素和各层次不是独立存在的，各要素之间具有特殊联系以及层次与层次之间具有衔接作用，相关性服务于系统整体的研究。动态性是指系统内部各要素以及各层次之间的作用效果并不是一成不变的，各要素的发展情况不同，为了保持系统的稳定，系统内部各要素之间以及系统各层次之间需要通过相关研究，引导其由混沌状态自我调整至有序状态。

系统理论为京津冀高质量发展和协同高质量发展的研究提供了理论依据。京津冀由多个相互联系的子系统构成，遵循系统科学的基本原理。因此，对京津冀高质量发展的研究应遵循系统理论的规则，首先对整体进行研究，其次对各个子系统以及各城市之间的相互作用情况和演化规律进行分析，为京津冀高质量发展系统内部子系统以及各城市实现动态平衡提供理论依据和指导。

第4章　京津冀城市高质量发展水平测度

本章基于京津冀区域城市发展现状，以资源环境为约束，建立包含科技、绿色、人文、协调、开放、共享6个维度的京津冀城市高质量发展水平指标体系，并以京津冀城市2011—2020年的统计数据为样本，利用CRITIC法计算评价京津冀城市高质量发展水平得分，并对京津冀城市高质量发展进行时空演化分析。

4.1　京津冀区域资源环境状况

京津冀区域位于华北平原北部，总体面积为21.5万平方千米，为全国总面积的2.24%；京津冀三地的水资源总量为185.36亿平方米，占全国水资源总量的0.59%。京津冀区域的资源环境对京津冀高质量发展有较大影响。

4.1.1　土地资源现状

为了对京津冀地区的土地资源结构进行分析，经过文献查阅，土地资源主要分类有耕地、生态用地、城镇村及工矿用地、交通运输用地、水域及水利设施用地和其他用地，其中，生态用地由园地、林地、草地、湿地构成（见图4-1）。

2020年，北京市的生态用地面积最大，达到整体面积的67.73%；其次是城镇交通和工矿用地面积，占北京市总面积的19.11%；耕地占比5.7%，交通运输用地、水域及水利设施用地和其他用地分别占北京市总面积的3%、3.76%和0.69%。

天津市2020年土地资源用地中耕地面积占据最大比例，为40.65%；其次是水域及水利设施用地，占天津总体面积的26.37%；城镇交通和工矿用地面积占比18.28%；天津市的生态用地、交通运输用地和其他用地占比分别为6.27%、2.76%和5.68%。

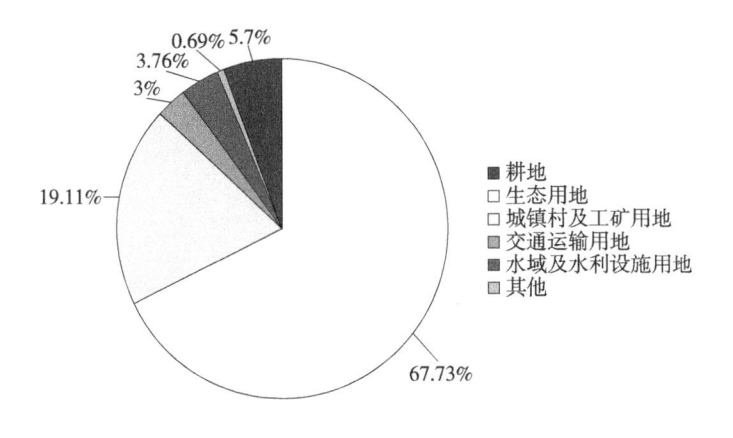

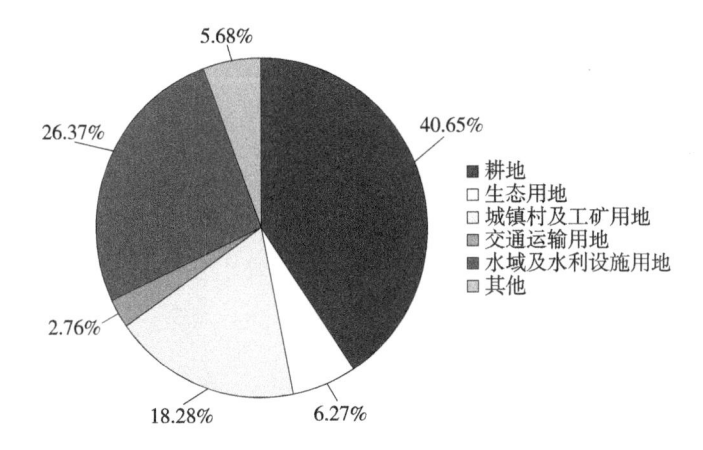

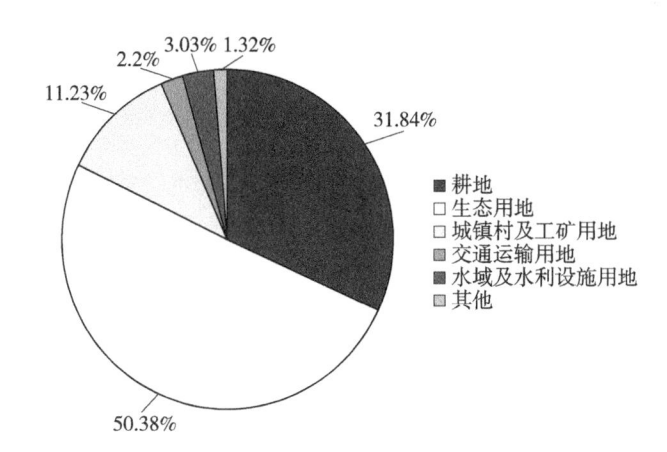

图 4-1 2020 年京津冀地区土地资源结构图

2022年，河北省生态用地的面积约为整体面积的一半，为50.38%；其次为耕地面积，占河北省总面积的31.84%；城镇交通和工矿用地面积占比11.23%；河北省的交通运输用地、水域及水利设施用地和其他用地占比分别为3.0%、2.2%和1.32%。

4.1.2 水资源现状

水资源对于人类的生活和社会的生产发展是不可或缺的资源。京津冀三地的水资源情况不乐观，水资源短缺情况频繁发生，且地下水的超采状况较为严重。见图4-2为京津冀城市水资源总量及人均水资源。

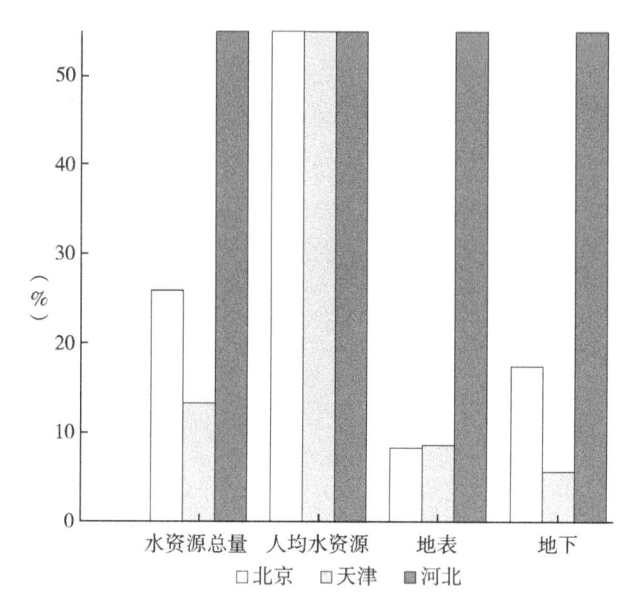

图4-2 2020年京津冀地区水资源总量图

如图4-2所示，京津冀三地的水资源情况有显著差异。三地的水资源总量和人均水资源总量的差异较为相似，均为河北省最高，其次为北京市，天津市最低，说明水资源总量越低，城市的人均水资源越低，城市的节水能力取决于水资源的总量。北京市和天津市的地表水基本相同，但北京市的地下水含量较高，河北省的地表水和地下水的含量均最高。

水资源总用水主要由生活用水、工业用水、生活用水和生态环境用水几部分构成。对2020年京津冀三地的用水结构进行分析，得到图4-3：

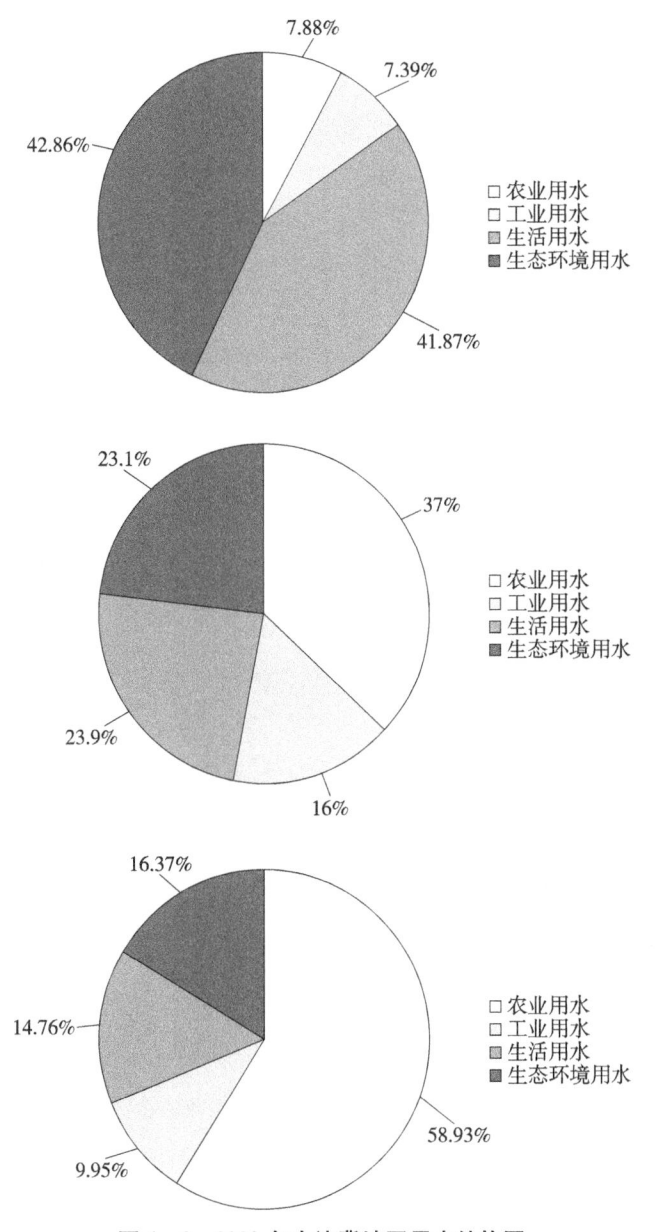

图 4-3　2020 年京津冀地区用水结构图

如图 4-3 所示，京津冀三地的用水结构有较大差异。北京市的水资源主要用于生态环境用水和生活用水，两者占据用水总量的 84.73%。天津市的用水结构比北京市更平均，农业用水量占比最大，为用水总量的 37%，工业用水最少，为 16%。河北省的农业用水占据了用水总量的 58.93%，进一步表

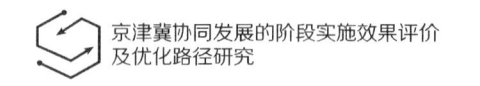

明了河北省是农业大省,生态用水、工业用水和生态环境用水占比相近。

4.1.3 大气污染现状

在京津冀城市群中,河北省的工业主要为重工业,对于大气造成了较为严重的污染。大气污染主要包括二氧化硫污染物、二氧化氮污染物和可吸入颗粒物。

由图4-4可知,二氧化硫年平均浓度,河北省最高,天津市次之;2020年二氧化氮年平均浓度和可吸入颗粒物年平均浓度,天津市均居于首位,河北省次之。北京市在三者的年平均浓度中均为最后一名,说明北京市对于空气污染物的控制有了显著成效。

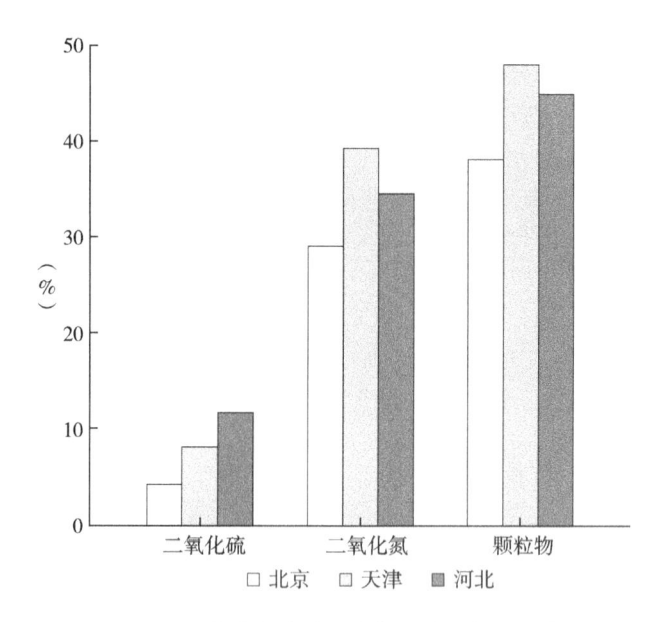

图4-4 2020年京津冀地区空气污染物年平均浓度图

4.2 城市高质量发展评价指标体系构建

4.2.1 指标体系构建原则

1. 系统性原则

城市群高质量发展需要对绿色、协调、效率、共享、人文等多个系统进行概括，指标选取应对不同系统的有全面的概括，同时也应考虑各个要素间的逻辑性。对城市群高质量发展的体系评价需要由低级层次向高级层次逐步计算得到，所以各层次的指标应具有连贯性，低级层次指标在体现数据意义的同时还应体现高级层次指标意义。城市群高质量发展指标体系在保证整体系统性的同时也要保证指标层间的逻辑。

2. 科学性原则

指标体系中指标的选取应尊重事实规律，高质量发展的指标选取应尊重高质量发展的实际意义。在指标选取时，尽量降低过程中的主观性，应在以往研究总结的基础上，科学地增加或减少高质量发展的指标选取，指标地选取既能对城市高质量发展的现阶段状况进行总结，也能对高质量发展的下阶段提供理论指示。

3. 典型性原则

在高质量发展水平指标选取中，指标选取应对高质量发展有解释意义和代表性。指标选择的不同会影响高质量发展水平评价结果。指标选取不仅需要对高质量发展各个系统有全面的解释和概括，还应体现城市群不同城市高质量发展的具体特征，从而对比分析不同城市在高质量发展的侧重点以及短板情况。

4. 可操作原则

城市群高质量发展包括绿色、科技、协调、效率、共享、人文多个子系统，在指标选取过程中，数据从选取到综合分析的整体过程都应具有可操作性，保证数据的计算和分析可以顺利进行。在指标体系中，数据更便于计算和分析是保证可操作性的基础。在分析过程中，可操作性越高，数据的处理效率越高。

5. 可持续原则

促进城市的可持续发展是研究高质量发展的研究目的。尤其是在对城市群的研究中，研究范围包括单个城市内部的高质量发展情况，同时，也包括基于城市间相互作用的基础上，城市群整体和各城市的高质量发展情况。所以，通过对体系指标的分析，应为城市群的可持续发展提供指导意义。

4.2.2 指标选取依据——子系统划分

资源和环境是高质量发展的约束和基础。资源是城市建设及经济发展的约束，同时也是保证城市可持续发展的物质基础。环境是社会经济扩张发展的约束条件，也是确保人类社会活动的基础。资源环境的特殊地位，以及城市发展中产生的过度消耗资源以及破坏环境的问题，使得在指标选取的过程中，不仅需要对城市高质量发展情况的指标进行归纳，还需要考虑资源环境的约束控制。在此基础上，画出京津冀高质量发展理论框架图（见图4-5）。

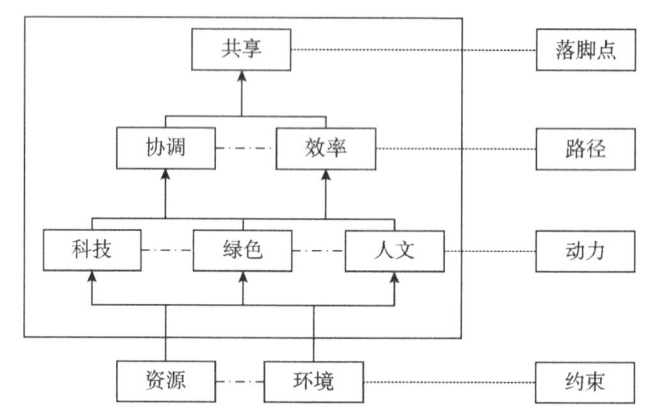

图4-5 京津冀高质量发展理论框架图

1. 绿色发展子系统

绿色发展主要包括资源和环境两方面。资源和环境作为城市发展的基础和约束，对于城市的高质量发展既有促进作用，又有一定的限制影响，在保证城市平稳运行的基础上，对城市发展的速度有约束作用，即资源的消耗和环境的变动保持在可控情况下。因此，资源环境对于城市群高质量发展起到关键作用。

2. 科技发展子系统

科学技术的应用范围广泛，在基础设施建设、互联网+应用、生物医药产业等方面均有涉及。城市高质量发展离不开科学技术的进步，城市的科技发展水平与城市的高质量发展水平呈正向变化，同时，科技对城市的发展潜力进行评估。因此，高质量发展评价体系应纳入科技发展子系统。

3. 协调发展子系统

协调是协同高质量发展的基础，也是人民美好生活的必要条件。对于城市高质量发展而言，协调代表城市整体的发展均衡水平，优势产业与其他产业共同作用，同时也代表了产业内部的分支产业共同发展，提高城市经济水平。城市的协调可以提升城市的均衡发展。城市高质量发展中，协调至关重要。

4. 效率发展子系统

效率是城市由高速发展向高质量发展转变的决定性因素。效率决定了城市对开发资源的利用程度，该城市在资源利用方面的质量越高，资源浪费越少，对环境的破坏程度越低，同时，在资源转化过程中产生的经济效益越高，人口的利用效率越高。因此，效率发展是城市高质量发展指标体系的重要组成部分。

5. 共享发展子系统

共享是高质量发展的前提，也是高质量发展的结果。由于城市发展的起始点不同，以及城市发展过程中经济的增长速率不同，高质量发展过程中会产生失衡，从而产生矛盾，共享对于这些问题均有一定消除功能，城市群高质量发展评价体系需包括共享。

6. 人文发展子系统

人文发展体现了人民的需要，以人为本的理念通过人文发展有了充分体现。高质量发展不仅包括经济的发展，也包括人民精神生活的发展。人文发展作为国家思想意识的核心，为社会和谐发展提供理论引导，应当作为高质量发展评价指标体系的重要部分。

4.2.3 指标体系构建

基于体系构建原则以及确定高质量发展的6大系统，建立京津冀城市高质量发展评价指标体系。该指标体系以城市高质量发展水平为目标层，以绿色、科技、协调、效率、共享、人文为准则层，指标层的各个指标依据准则层为标准选取，各个指标对高质量发展均有代表性意义（见表4-1）。

表4-1 京津冀城市群高质量发展评价指标体系

目标层	准则层	指标层
京津冀城市高质量发展水平	绿色	空气质量优良天数占比（%） 环境治理投资占GDP比重（%） 建成区绿化覆盖率（%） 一般工业固体废物综合利用率（%） 污水处理厂集中处理率（%） 生活垃圾无害化处理率（%）

续表

目标层	准则层	指标层
京津冀城市高质量发展水平	科技	专利申请数（项） 申请专利成功率（%） R&D 内部经费支出（万元） 科技支出占公共财政支出的比重（%） 当年实际使用外资金额（万美元） 进出口总额（亿美元）
	协调	第三产业产值占比（%） 居民消费水平指数（1978 年 = 100） 城乡人均可支配收入比 城市人口占比（%） 人均财政收入（元）
	效率	地均生产率（万元/平方千米） 水资源利用效率（万元/吨） 能源利用效率（万元/吨标准煤）
	共享	城镇居民人均可支配收入（元） 城镇登记失业率（%） 每万人拥有卫生机构床位数（张） 每百人普通中学生拥有专任教师数（人） 每百人拥有公共图书馆藏书量（册）
	人文	人均国内生产总值（元/人） 自然增长率（年） 升学率（年/人） 教育支出占公共财政支出的比重（%）

4.3 研究区域概况

京津冀区域城市包括首都北京市、直辖市天津和河北省 11 个地级市。作为中国的"首都经济圈"，地理位置优越，京津冀区域城市在经济发展，人才吸纳等方面具有得天独厚的条件。2014 年京津冀协同发展战略提出至今，京津冀的城市协同高质量发展在基础建设、金融发展、产业协同等取得了较好的进展。

4.3.1 绿色概况

1. 空气质量情况

由图 4-6 可知，北京、天津和河北省的空气质量天数没有较大差距，三地的变化趋势大致相同，整体呈 V 型趋势，2011—2013 年京津冀三地的空气质量优良天数有较大幅度降低，2013—2020 年的空气质量优良天数逐年缓慢增加，但 2020 年仍较 2011 年低。北京市空气质量优良天数基本处于领先地位，天津市增加幅度低于河北省，河北省的空气质量优良天数增加幅度最大，2020 年赶超天津，略低于北京。

$PM_{2.5}$ 年平均浓度的变化趋势与空气质量优良天数相反，说明 $PM_{2.5}$ 年平均浓度对空气质量的影响较大，京津冀三地的 $PM_{2.5}$ 年平均浓度总体呈波动下降趋势。北京市的 $PM_{2.5}$ 年平均浓度为京津冀三地最低，2017 年后呈逐年下降趋势。天津市的 $PM_{2.5}$ 年平均浓度在京津冀三地中排名较高，2017 年后下降幅度最大。2014—2017 年，河北省的 $PM_{2.5}$ 年平均浓度没有较大变化，2018 年开始有下降趋势。

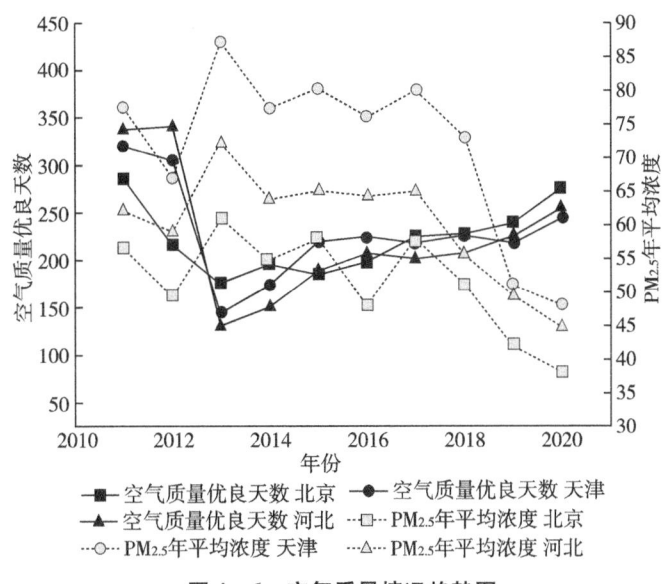

图 4-6　空气质量情况趋势图

2. 城市绿化水平

由图 4-7 可知，北京市建成区绿化覆盖率最高，2013—2017 年波动幅度较大，2018 年后呈缓慢上升趋势。2011—2020 年天津市的建成区绿化覆盖率低于北京市和河北省，说明天津市对于绿化的重视程度不够高，整体有较小幅度的提升，2013—2015 年变化波动较大。河北省建成区绿化覆盖率变化趋势与天津市类似，但波动幅度较小，2017 年后趋于稳定。

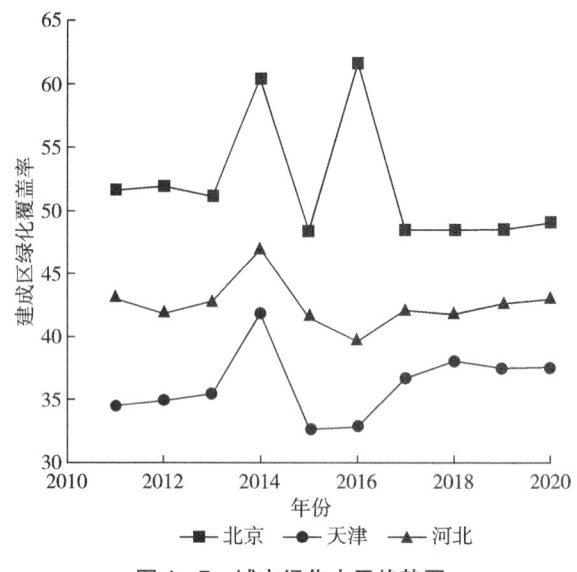

图 4-7 城市绿化水平趋势图

3. 污水处理强度

由图 4-8 可知，北京市的污水集中处理率低于天津市和河北省，2011—2020 年呈现逐年增加的趋势。天津市污水集中处理率在 2012—2013 年和 2016—2017 年有较大幅度的波动，整体呈波动增加趋势。河北省的污水集中处理率较北京市和天津市波动幅度较小，有小幅度波动，但整体呈上升趋势。

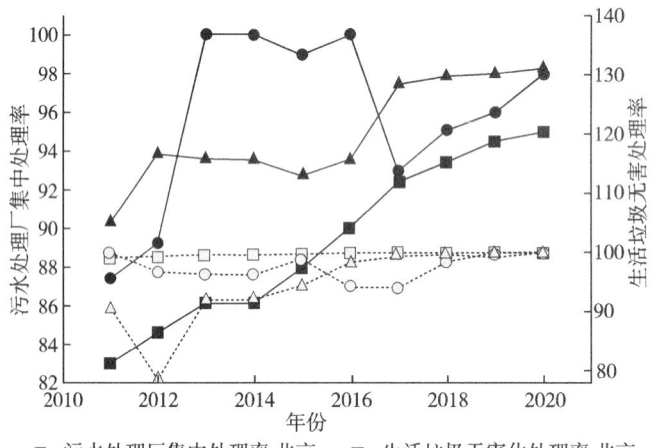

图 4-8 污水处理强度趋势图

京津冀三地的生活垃圾无害化处理率的变化趋势各有不同。北京市的生活垃圾无害化处理率最高，2011—2020年的处理率较为稳定。天津市在研究期间内有较小幅度的波动，整体来看，生活垃圾无害化处理率较高，略低于北京市。河北省的生活无害化处理率波动幅度较大，2012年最低，且与前后两年有较大幅度的波动，2013—2020年呈波动上升趋势。整体来看，北京市在生活垃圾无害化处理方面有较高的水平，对其较为重视。

4.3.2 科技概况

1. 科技成果

由图4-9可知，2011—2020年，京津冀三地的专利申请数差距较大，北京的专利申请数明显增加，且一直处于领先状态，天津市的专利申请数情况先增长后降低，天津市应对专利申请有更多投入；河北省的专利申请数呈现缓慢增加的趋势，但较北京市和天津市仍有较大差距。

专利申请通过率整体呈波动增加趋势，且城市间差距较专利申请数差距较小，由图4-9可知，天津市的专利申请通过率最高，北京次之，河北省最低；北京市的专利申请通过率趋势较为平稳，波动幅度较小。天津市整体呈波动上扬趋势，2016年后专利申请率的增长速度较快。河北省在2015—2016

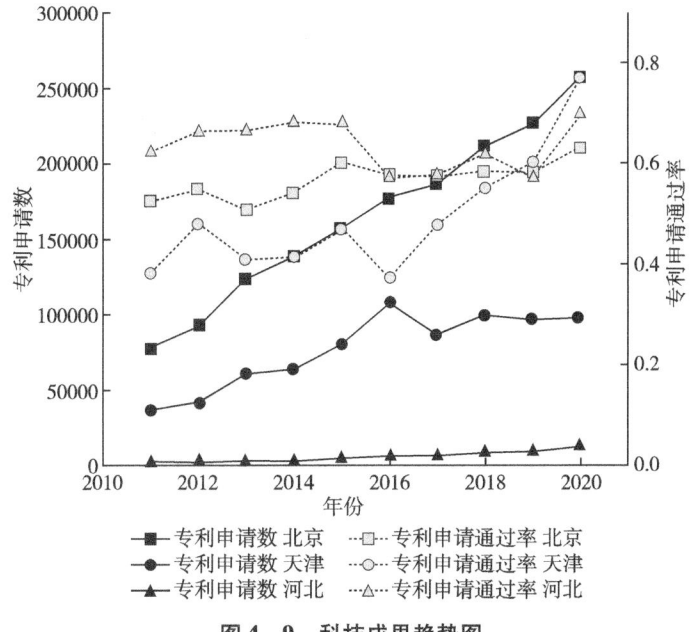

图4-9 科技成果趋势图

年有较大幅度的下降，2016—2018年趋势较为平稳，2019—2020年有较大幅度上升，整体来看，专利申请通过率较2011年有小幅提高。

2. 科技投入

由图4-10可知，2011—2020年，京津冀三地的R&D内部经费支出的趋势有较大差异。北京市的R&D内部经费支出增速较快，且增幅较大，天津次之，但增速和增幅低于北京市，河北省变动较小，趋势平缓。同时，R&D内部经费支出与专利申请数的变化趋势相似，说明专利申请数的变化主要原因是经费支出的不同，北京市对于科技的重视程度高于天津市和河北省。

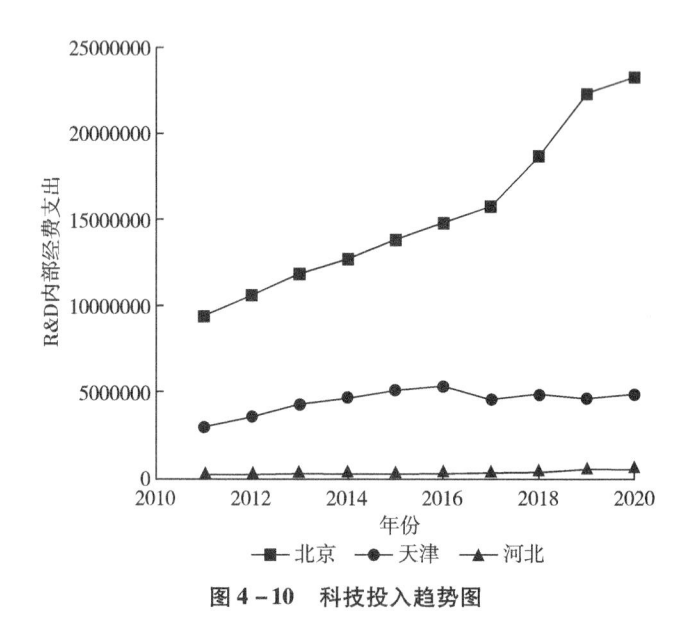

图4-10 科技投入趋势图

4.3.3 协调概况

1. 城乡差距

由图4-11可知，京津冀三地的城乡人均可支配收入比趋势较为稳定，波动幅度较小。2011—2014年，北京市的城乡人均可支配收入比逐年下降，2014—2015年后有所增加，2015—2020年趋势平缓，减幅较小，均高于天津市和河北省。天津市的城乡人均可支配收入比在2011—2013年有明显减幅，2014—2020年趋势平缓，城乡的人均可支配收入比达到一个相对平衡的阶段。河北省相较天津市减幅略大，2011—2020年一直处于下降趋势。

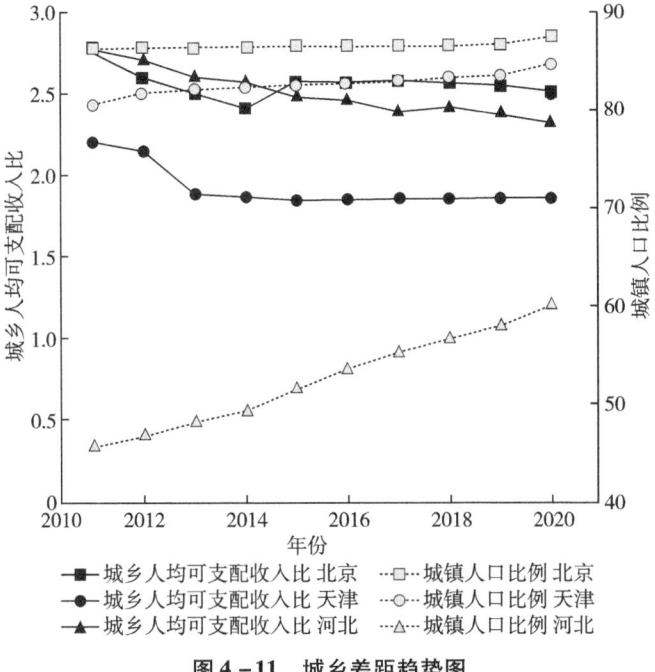

图 4-11 城乡差距趋势图

2011—2020 年，京津冀城镇人口比例总体呈上升趋势，但波动幅度有差异，北京市增幅最小，整体较为稳定，天津市较北京市增幅略大，整体低于北京市的城市人口比例。河北省的城镇人口比例增速最大，增幅较高，但较北京市和天津市仍有较大差距。河北省对于农村向城镇的转化效果显著。

2. **价格指数**

由图 4-12 可知，京津冀三地的居民消费价格指数波动幅度较大，且波动频率较高。北京市和天津市的差异较小，波动幅度相近，说明北京市和天津市的物价指数接近，其波动幅度较大，说明两地的物价较不稳定，受经济变化影响较大。河北省的居民消费价格指数低于北京市和天津市，且波动幅度较小，说明河北省的物价相较其他两市较为稳定。

3. **产业结构**

由图 4-13 可知，2011—2020 年京津冀三地的第三产业占 GDP 比重上升趋势大致相同，北京市的增幅较小，天津市和河北省的增幅较大。在研究期间内，北京市的第三产业占 GDP 比重在京津冀三地区域为最高水平，说明第三产业在北京市的产值中占有重要地位。天津市和河北省的上升趋势大致相同，天津市第三产业占 GDP 比重高于河北省，两地均低于北京市，但增速较北京市大，两地较北京市有较大发展潜力。整体来看，天津市和河北省在第三产业的发展有较大潜力。

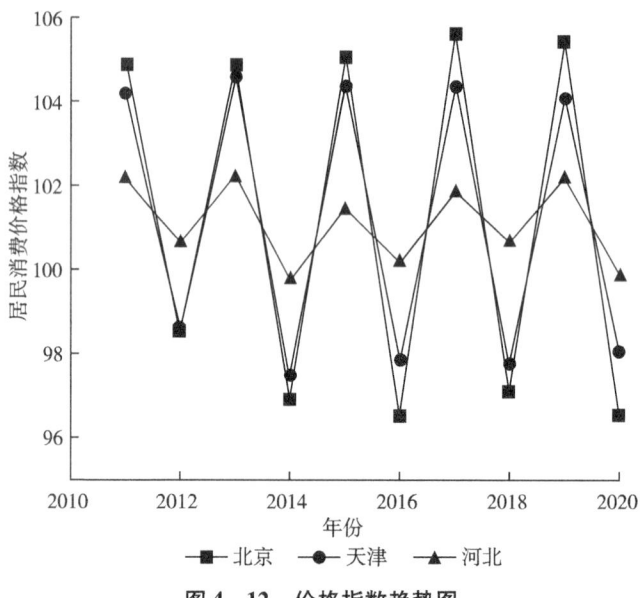

图 4-12 价格指数趋势图

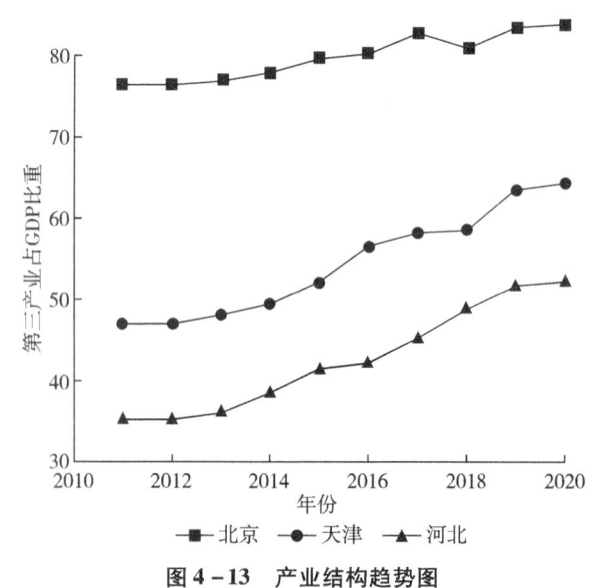

图 4-13 产业结构趋势图

4. 财政收入水平

由图 4-14 可知，京津冀三地人均财政收入整体趋势不同，2011—2019 年北京市呈逐年增长趋势，上升趋势显著，且增速高达77%，2020 年较 2019 年有较大幅度的下降，主要原因是疫情导致就业形势不稳定，经济发展不景气。天津市在 2011—2016 年人均财政收入逐年增加，2016 年后呈降低趋势，主要原因是地方一般公共预算收入降低。河北省的人均财政收入低于京津两市，整体呈缓慢上升趋势。总体来看，京津冀三地的人均财政收入差异较大，河北省应提高对经济发展的重视程度。

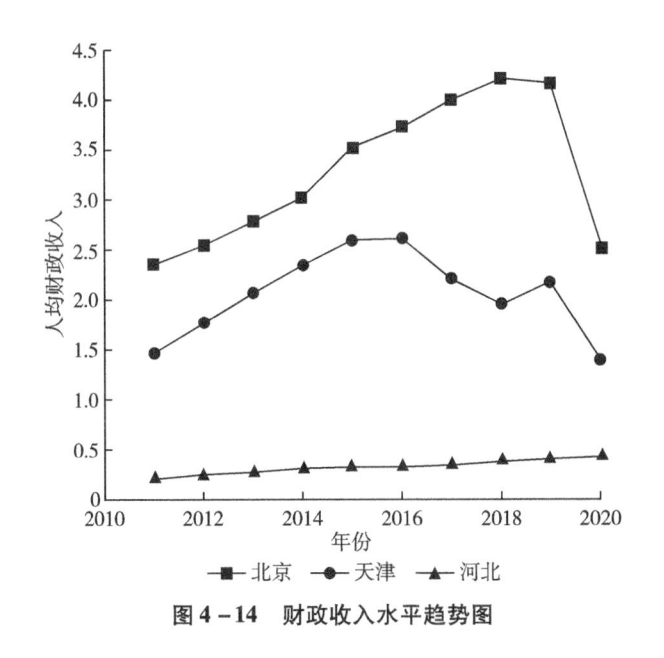

图 4-14 财政收入水平趋势图

4.3.4 效率概况

1. 土地利用率（地均生产率）

由图 4-15 可知，京津冀地均生产率总体呈上升趋势。北京市 2011—2020 年地均生产率最高，且增长幅度较大，增速高达122%，主要原因北京市的生产总值有增长速度较快，且土地面积变化幅度较小。2011—2016 年天津市的地均生产率趋势与北京市大致相同，2018 年后呈降低趋势，且下降幅度较大。河北省的地均生产率较京津两市有较大差距，整体呈缓慢增长趋势。

图 4-15 土地利用率趋势图

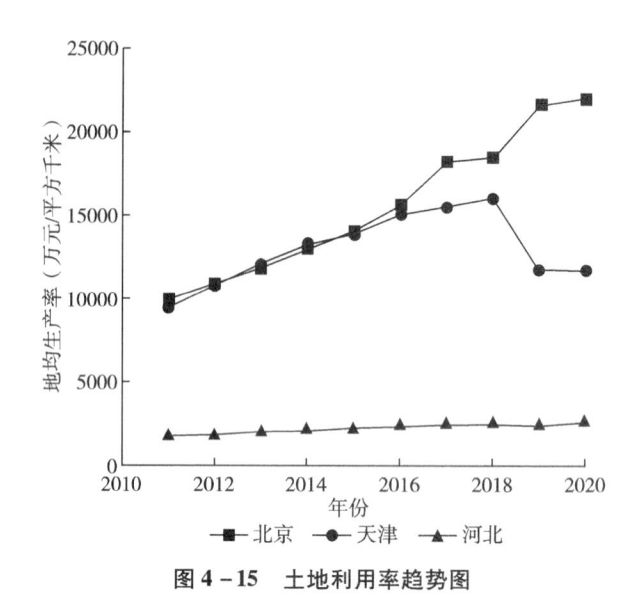

2. 水资源利用率

由图 4-16 可知,京津冀中北京市水资源利用率总体呈下降趋势,下降幅度较大,降速高达 96%,主要原因是水资源供应量的增加量低于地区生产总值的增加量。天津市和河北省整体呈上升趋势,天津市在 2012—2018 年水

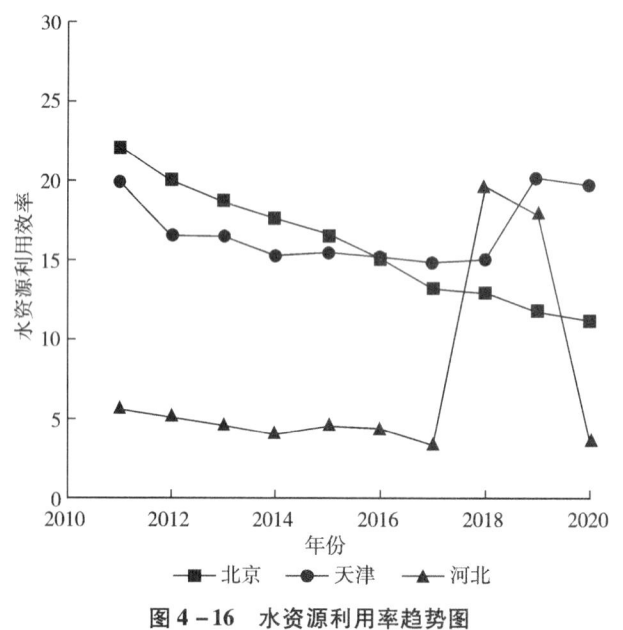

图 4-16 水资源利用率趋势图

资源利用率平稳，2018年后有较大幅度提升。河北省在2018年和2019年水资源利用率较高。

3. 能源利用效率

由图4-17可知，京津冀能源利用效率整体呈下降趋势。北京市的能源利用效率呈小幅度的逐年下降趋势。天津市2011—2018年呈下降趋势，2018—2020年有了提升，主要原因是地区生产总值的增加量低于能源利用量的增加量。河北省的能源利用效率下降幅度较大，下降速度较快，说明河北省在2011—2020年对能源的利用效率有了较大的提升。总体来看，京津冀在能源利用方面的提升效果显著。

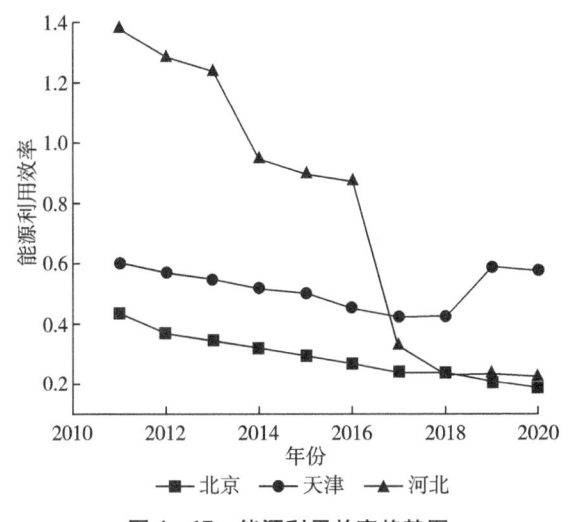

图4-17 能源利用效率趋势图

4.3.5 共享概况

1. 城镇收入及就业水平

由图4-18可知，2011—2020年京津冀城镇居民人均可支配收入总体呈上升趋势。其中，北京市城镇居民人均可支配收入在京津冀三地中最高，且增长幅度最大，2014—2020年增速高达72.17%，说明北京市的城镇居民的生活有了很大改善。天津市与河北省城镇居民人均可支配收入的上升趋势大致相同，曲线表明天津市城镇居民人均可支配收入略高于河北省。总体来看，京津冀镇居民人均可支配收入逐年上升，城镇居民生活水平逐年提升。

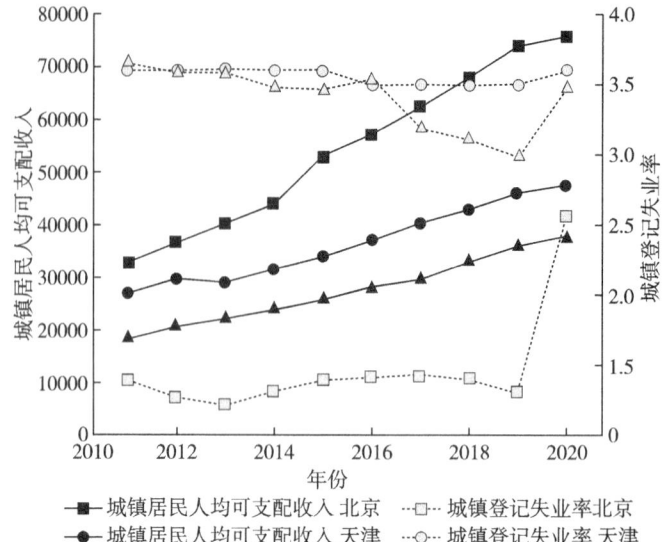

图 4-18 城镇收入及就业水平趋势图

2. 医疗卫生投入

由图 4-19 可知，京津冀三地每万人拥有卫生机构床位数变化趋势有明显差异。北京市在 2011—2019 年大致呈增长趋势，2020 年疫情原因导致其较大幅度下降。2011—2015 年，天津市每万人拥有卫生机构床位数的上升趋势显著，增速为 35.78%，2015 年后呈下降趋势。研究期间，河北省曲线呈波

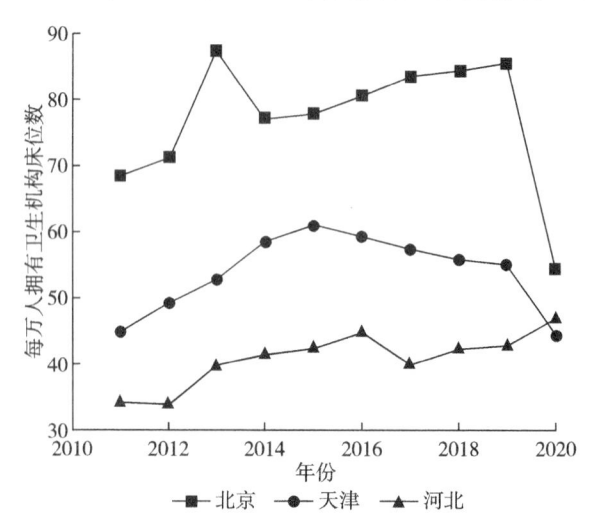

图 4-19 医疗卫生投入趋势图

动增长趋势，低于北京市和天津市。北京市和天津市 2020 年受新冠疫情影响较大，河北省受新冠疫情影响较小。

3. 教育发展水平和公共资源投入

由图 4-20 可知，京津冀每百人普通中学在校学生拥有专任教师数变化趋势不同。北京市 2018 年前指标的增长趋势显著，增速达 42%，2018 年后呈下降趋势，2019—2020 年下降幅度较大，主要原因是疫情导致教师数量的减少。北京市每百人普通中学在校学生拥有专任教师数最多，天津次之，河北省最低。河北省整体呈波动降低趋势。整体来看，北京市对教育的重视程度高，且对人才的吸纳能力较强，河北省和天津市应提高对教育的重视程度。

京津冀每百人拥有公共图书馆藏书量总体呈增加趋势。北京市的每百人拥有公共图书馆藏书量高于天津市和河北省，2020 年有较大幅度增加。天津市每百人拥有公共图书馆藏书量略低于北京市，整体波动幅度较小。2011—2020 年河北省每百人拥有公共图书馆藏书量整体较北京市和天津市有较大差距，总体呈逐年上升趋势，波动幅度较小。总体来看，京津冀对每百人拥有公共图书馆藏书量较为重视，人们对知识的需求增加。

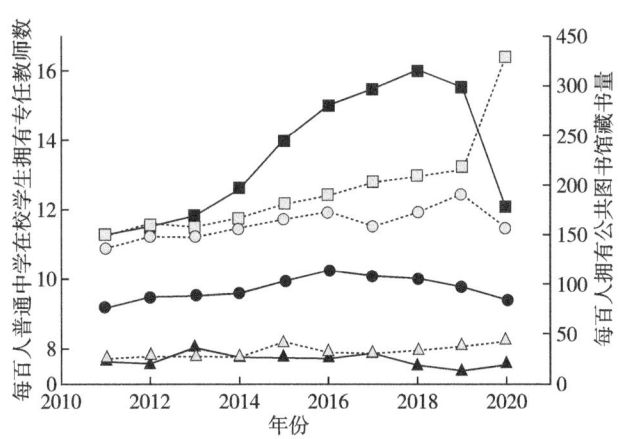

图 4-20 教育发展水平和公共资源投入趋势图

4.3.6 人文概况

2011—2020 年，京津冀自然增长率呈波动下降的趋势，人口增长的速度降低，升学率呈波动增加趋势，区域的受教育程度增加，受教育水平有了提升，说明京津冀对于学生教育的重视得到了正面反馈。

1. 人口增长水平

由图 4-21 可知，京津冀三地的自然增长率变化趋势大致相同，整体呈波动下降趋势，主要原因是育龄高峰期的女性数量逐年减少。河北省自然增长率最高，北京市次之，天津市最低。三地呈现倒 V 型趋势，2015 年，三地的自然增长率均呈现较大幅度的变化，主要原因是育龄妇女的减少和生肖偏好，单独二孩政策没有达到预期。

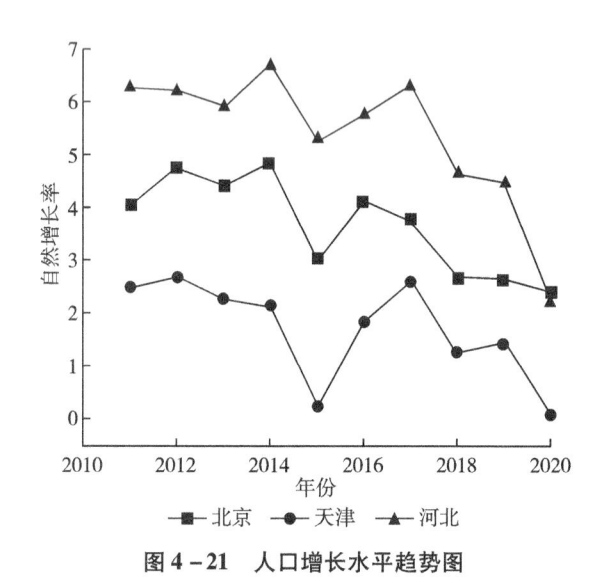

图 4-21 人口增长水平趋势图

2. 人民生活水平

由图 4-22 可知，京津冀三地的人均地区生产总值呈逐年上升趋势。其中，北京市的人均地区生产总值最高，天津市次之，2012—2014 年两地人均地区生产总值变化的主要原因是第三产业产值的变化。河北省整体曲线值均低于北京市和天津市，且与其有较大差距，整体呈波动上升趋势。由曲线可知，2015 年河北省国内生产总值较大，且人口数量增加较少，是具有较大增幅的主要原因。总体来看，京津冀三地的人均地区生产总值呈波动上升趋势，京津冀经济稳步发展。

3. 教育发展水平和教育投入

由图 4-23 可知，京津冀三地普通小学到普通中学的升学率的趋势有较大差异。北京市的普通小学到普通中学的升学率低于天津市和河北省，2017 年后呈上升趋势，主要原因是普通中学的在校生数量有了显著增加。天津市的普通小学到普通中学的升学率最高，但在研究期内，其升学率呈现逐年降低趋势。河北省升学率 2015 年后缓慢提升，说明河北省对于优秀学生的吸纳能力较强。

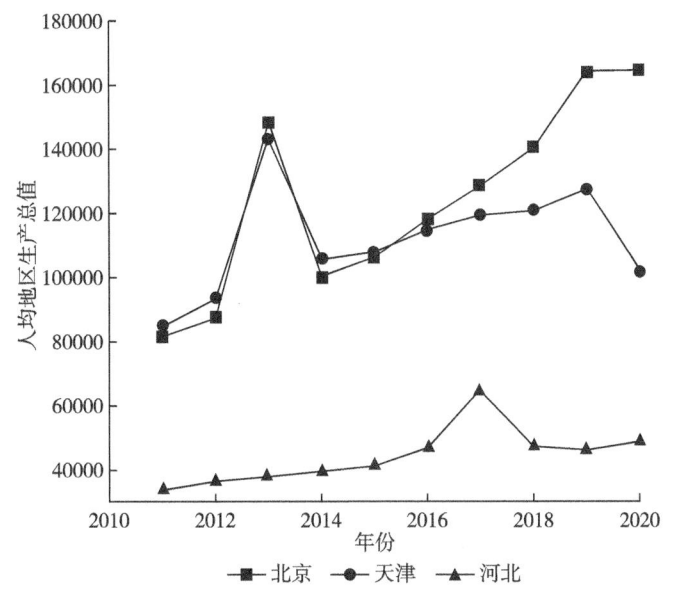

图 4-22 人民生活水平趋势图

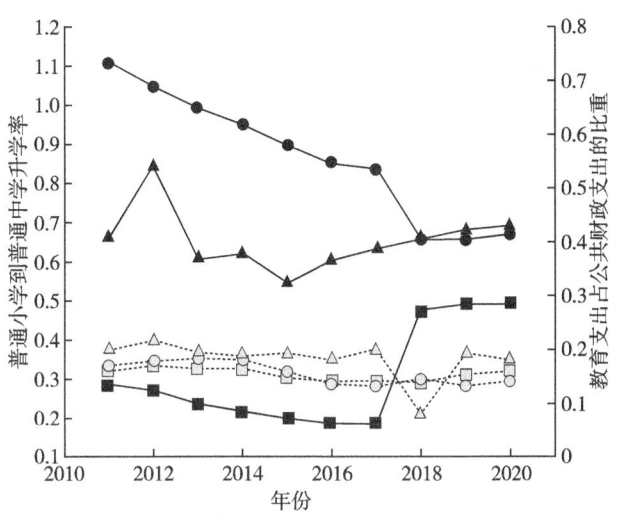

图 4-23 教育发展水平和教育投入趋势图

京津冀教育支出占公共财政支出比重总体变化幅度较小。北京市和天津市的教育支出占公共财政支出比重趋势大致相同，波动幅度较小。河北省的教育支出占公共财政支出比重高于北京市和天津市，2018年河北省总支出提升，教育支出降低，是河北省2011—2020年教育支出占公共财政支出比重最低点的主要原因。

4.4 京津冀城市高质量发展水平评价

4.4.1 评价模型——CRITIC法简介

CRITIC方法是综合评估指标本身对比强度以及不同指标的冲突性来确定权重。对比强度与冲突性的变化为正向，两者越大，指标权重越大。

Step 1：指标数据标准化。标准化的主要目的是对原始数据进行处理，消除由于量纲不同造成的差异，见式（4.1）和式（4.2），以便于后续客观权重的计算。

$$x'_{ij} = \frac{x_{ij} - \min(x_{ij})}{\max(x_{ij}) - \min(x_{ij})} \quad (4.1)$$

$$x'_{ij} = \frac{\max(x_{ij}) - x_{ij}}{\max(x_{ij}) - \min(x_{ij})} \quad (4.2)$$

式中，x'_{ij}为标准化后的各指标数据值；x_{ij}为原始指标数据值，式（4.1）为正向指标的标准化公式，式（4.2）为负向指标的标准化公式。

Step 2：计算相关系数。分析指标中各数据的比重以确定某数据在该指标中所有数据中的重要程度，计算方法见式（4.3）；

$$r_{ij} = \frac{\sum (x_i - \bar{x}_i)(x_j - \bar{x}_j)}{\sqrt{\sum (x_i - \bar{x}_i)^2 (x_j - \bar{x}_j)^2}} \quad (4.3)$$

式中，r_{ij}为第j个指标中第i个数据的比重。

Step 3：计算冲突性量化指标。在计算得出某数据占指标中所有数据比重的基础上，利用式（4.4），通过计算数据间相关性，分析该指标与其他指标的冲突性；

$$R_j = \sum_{i=1}^{n} (1 - r_{ij}) \quad (4.4)$$

式中，R_j为第j个指标中第i个数据的变异值。

Step 4：计算各指标信息量。利用式（4.5）计算各指标的信息量，以此对指标中的信息量进行量化；

$$C_j = S_j * R_j \tag{4.5}$$

式中，C_j 为第 j 个指标的信息量。

Step 5：计算各指标客观权重。基于已计算得出的信息量，通过式（4.6）计算各指标的客观权重。

$$W_j = \frac{c_j}{\sum_{j=1}^{n} c_j} (j = 1, 2, \cdots m) \tag{4.6}$$

式中，W_j 为第 j 个指标客观权重；m 为指标总数。

4.4.2 数据来源

原始数据来源为《2011—2020 年中国城市统计年鉴》《2011—2020 河北经济年鉴》《2011—2020 中国统计年鉴》以及国家统计局网站、北京统计局网站、天津统计局网站、河北统计局网站等。

4.4.3 数据标准化

根据原始数据对于最终评价结果的影响，将其划分为正向和负向两类。正向数据对最终评价结果为促进作用，负向数据对最终评价结果为遏制作用。为了消除原始数据中量纲的影响，对数据进行标准化处理。公式如下：

数据标准化范围为 $40 \leqslant y_{ij} \leqslant 100$，

$$y_{ij} = (b-a) \frac{x_{ij} - \min(x_{ij})}{\max(x_{ij}) - \min(x_{ij})} + a \tag{4.7}$$

$$y_{ij} = (b-a) \frac{\max(x_{ij}) - x_{ij}}{\max(x_{ij}) - \min(x_{ij})} + a \tag{4.8}$$

式中，x_{ij} 表示各个指标的原始数据，y_{ij} 表示经标准化处理后的值，b 为数据标准化后值的上限，a 为数据标准化后值的下限，式（4.7）表示正向指标的数据标准化计算公式，式（4.8）表示逆向指标的数据标准化计算公式。

4.4.4 京津冀城市群各城市内部子系统得分测度

1. 子系统权重确定

根据指标标准化值及 CRITIC 法，可得到子系统权重和指标权重，结果见表 4-2。

表 4-2 京津冀城市高质量发展评价指标体系

目标层	准则层	指标层
京津冀城市群高质量发展水平	绿色 (0.1861)	空气质量优良天数占比（%）（0.2469） 环境治理投资占 GDP 比重（%）（0.1876） 建成区绿化覆盖率（%）（0.1191） 一般工业固体废物综合利用率（%）（0.1665） 污水处理厂集中处理率（%）（0.1825） 生活垃圾无害化处理率（%）（0.0975）
	科技 (0.1975)	专利申请数（项）（0.1039） 申请专利成功率（%）（0.3997） R&D 内部经费支出（万元）（0.1343） 科技支出占公共财政支出的比重（%）（0.1007） 当年实际使用外资金额（万美元）（0.1791） 进出口总额（亿美元）（0.0823）
	协调 (0.1651)	第三产业产值占比（%）（0.2604） 居民消费水平指数（1978 年=100）（0.2543） 城乡人均可支配收入比（0.1328） 城市人口占比（%）（0.1885） 人均财政收入（元）（0.1640）
	效率 (0.1524)	地均生产率（万元/平方千米）（0.3880） 水资源利用效率（万元/吨）（0.2745） 能源利用效率（万元/吨标准煤）（0.3375）
	共享 (0.1124)	城镇居民人均可支配收入（元）（0.1953） 城镇登记失业率（%）（0.3263） 每万人拥有卫生机构床位数（张）（0.1468） 每百人普通中学生拥有专任教师数（人）（0.1482） 每百人拥有公共图书馆藏书量（册）（0.1834）
	人文 (0.1865)	人均国内生产总值（元/人）（0.2401） 自然增长率（年）（0.2954） 升学率（年/人）（0.2229） 教育支出占公共财政支出的比重（%）（0.2416）

2. 各城市内部子系统发展现状

根据系统理论，将京津冀城市群高质量发展看作复杂系统，将六个子系统看作复杂系统的组成部分。为了分析城市群整体的高质量发展水平，首先应综合分析各子系统的发展情况。

（1）城市绿色发展现状。京津冀城市绿色发展水平见表4-3和图4-24，绿色发展水平分化情况较为严重，总体处于波动状态，区域协调性趋于稳定。整体来看，京津冀三地的绿色发展水平趋势相似，整体呈波动的U型趋势。具体来看，秦皇岛和张家口的绿色发展水平位居京津冀城市群前列，保定和衡水低于其他城市，且衡水市的波动幅度较大，主要原因是$PM_{2.5}$年平均浓度变化较大。邯郸市的下降幅度最大，由2011年的79.077下降到2020年的68.942，2020年的沧州、廊坊、衡水的绿色发展水平较2011年有较大幅度提高，其他城市有小幅度的上升或降低。同时，2020年京津冀各城市的绿色发展水平相差较小。

表4-3 2011—2020年京津冀城市绿色发展水平

城市	2011年	2012年	2013年	2014年	2015年	2016年	2017年	2018年	2019年	2020年
北京	67.147	67.576	74.417	70.409	75.571	77.525	73.398	72.848	76.597	70.771
天津	67.951	70.567	71.621	71.149	74.524	73.345	59.778	62.226	71.335	70.545
石家庄	74.721	76.798	64.844	63.932	75.863	73.754	70.554	66.885	74.007	68.178
唐山	76.924	79.722	69.689	65.639	70.750	72.991	73.577	72.789	74.150	72.340
秦皇岛	85.032	85.589	87.549	86.202	82.463	87.038	83.357	85.172	76.984	77.432
邯郸	79.077	84.923	69.028	66.573	76.375	71.760	67.615	67.201	67.266	68.942
邢台	67.660	76.235	61.229	60.923	69.145	71.078	67.926	65.880	71.218	65.404
保定	67.384	72.773	64.203	58.877	60.130	61.290	59.707	63.297	58.272	68.223
张家口	79.429	87.945	80.909	79.670	88.644	82.287	79.414	78.679	84.904	81.922
承德	72.101	74.608	75.360	70.413	76.895	75.355	78.235	79.244	79.457	73.680
沧州	70.160	78.621	70.188	67.438	75.733	70.767	75.910	74.455	79.220	78.957
廊坊	72.247	75.754	66.386	63.106	67.421	67.665	73.906	74.177	81.661	79.072
衡水	60.118	71.116	57.175	53.923	59.367	55.872	72.320	70.875	75.693	74.099

（2）城市科技发展现状。京津冀城市科技发展水平见表4-4和图4-25。京津冀城市科技发展水平较为稳定，但区域之间不协调。整体来看，北京的科技发展水平最高，天津次之，河北省各市最低，且各区域的科技发展水平

有较大差距。具体表现：北京市的科技发展水平呈波动上升趋势；天津市的科技发展水平呈 V 型趋势，2011—2018 年发展水平缓慢下降，2018—2020 年有较大幅度的上升，主要原因是申请专利成功率的增加；河北省各个城市的科技发展水平波动频率较大，除邢台市有较小幅度的增加外，其他城市在 2011—2020 年科技发展水平均有降低。由此可知，北京市对于科技发展的重视程度最高，河北省应加大对科技发展的投入力度。

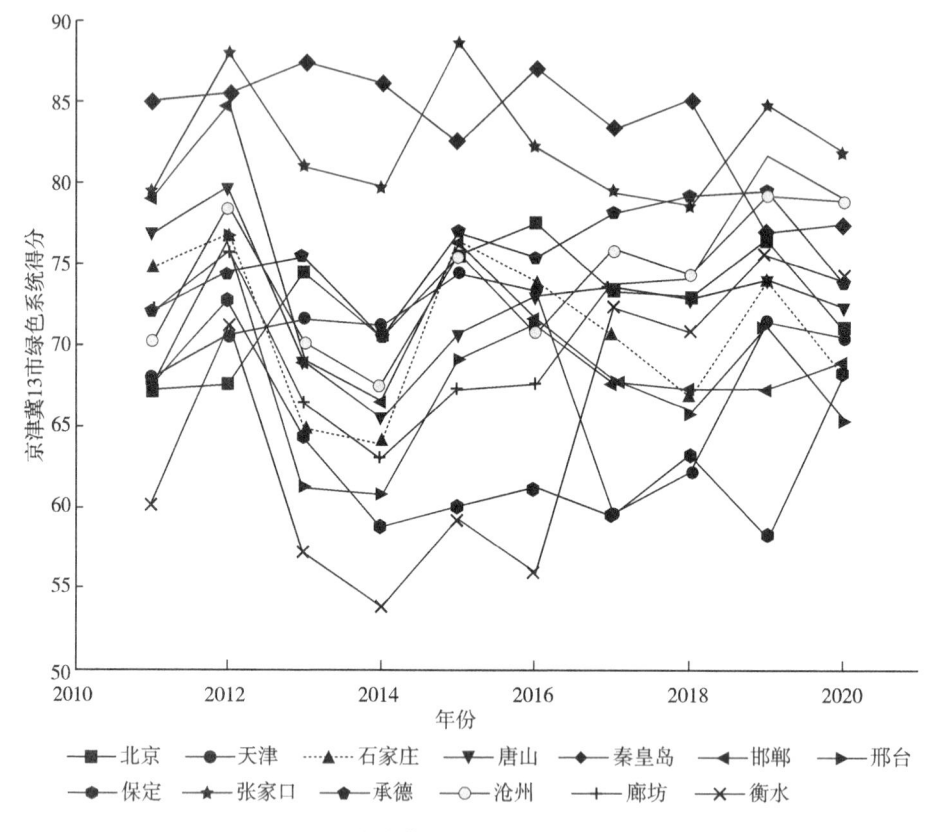

图 4-24 京津冀 13 市绿色发展指数趋势图

表 4-4 2011—2020 年京津冀城市科技发展水平

城市	2011 年	2012 年	2013 年	2014 年	2015 年	2016 年	2017 年	2018 年	2019 年	2020 年
北京	81.21	75.82	77.34	75.21	81.97	89.58	86.83	83.46	92.87	81.72
天津	60.87	61.43	61.91	61.62	63.03	63.54	61.52	55.79	71.58	76.41
石家庄	63.02	58.52	57.60	53.06	54.93	62.55	54.57	51.37	61.98	56.20
唐山	61.88	52.64	62.58	53.50	60.32	63.44	50.46	47.23	61.58	62.67

续表

城市	2011年	2012年	2013年	2014年	2015年	2016年	2017年	2018年	2019年	2020年
秦皇岛	60.08	46.38	54.60	47.08	57.77	60.76	59.22	41.52	53.37	62.10
邯郸	63.50	46.62	52.63	47.88	57.90	55.15	43.51	50.65	41.89	51.76
邢台	50.60	61.21	52.04	49.68	58.99	61.25	52.08	59.83	52.36	64.91
保定	54.37	55.04	58.73	64.84	64.75	64.12	54.26	57.99	58.94	52.57
张家口	48.52	46.26	53.57	43.38	52.64	59.45	51.63	44.58	64.30	40.47
承德	55.32	58.55	61.16	48.73	51.90	53.26	46.01	55.93	54.23	50.26
沧州	64.33	52.86	62.36	50.67	47.21	56.76	56.41	65.19	56.01	64.83
廊坊	55.87	58.14	61.27	53.19	65.10	65.94	50.82	53.73	49.94	52.49
衡水	63.32	64.13	64.17	53.52	53.52	59.54	64.94	60.49	64.37	51.99

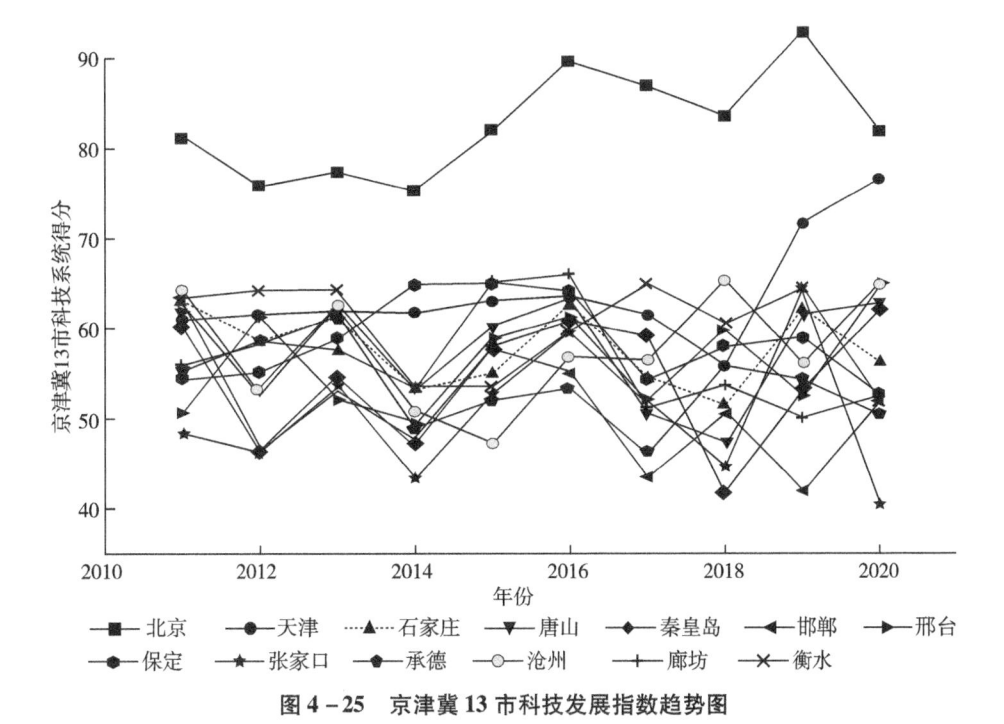

图 4-25 京津冀 13 市科技发展指数趋势图

（3）城市协调发展现状。京津冀城市协调发展水平变化情况见表 4-5 和图 4-26。天津市协调发展水平得分最高，北京市和河北省各市得分有交叉。说明天津市在协调发展方面较为重视，各方面协调效果显著，产业协调性好，城市与农村的人均可支配收入均衡，农村人口向城镇人口的转化率高，经济增长潜力大。除唐山市外，河北省其他城市的协调发展水平得分低于北京市，北京市在产业结构和城乡人均可支配收入比方面优于河北省,协调发展的潜力较大。

京津冀三地的协调发展变化波动剧烈,整体波动幅度较大,主要原因是京津冀城市的居民消费价格指数波动频率较高且变化幅度较大。天津市的协调发展水平整体呈波动降低趋势,由 2011 年的 86.11 降低到 2020 年的 74.71,主要受城乡人均可支配收入比和人均财政收入影响,高于北京市和河北省的各市,主要原因是天津市在城乡人均可支配收入比方面更加突出。北京市的协调发展水平低于天津市,波动情况与天津市大致相同。河北省各市的变化趋势没有明显规律,邯郸市、邢台市、保定市、廊坊市呈波动下降趋势,其他城市的协调发展水平均较 2011 年有一定程度的提升。

表 4-5 2011—2020 年京津冀城市协调发展水平

城市	2011 年	2012 年	2013 年	2014 年	2015 年	2016 年	2017 年	2018 年	2019 年	2020 年
北京	79.91	65.47	80.97	65.43	78.84	63.37	78.12	62.69	77.60	61.84
天津	86.11	75.06	89.35	77.76	88.20	77.56	82.70	72.73	81.07	74.71
石家庄	64.77	71.26	65.22	69.40	63.22	70.87	59.76	69.25	57.41	68.33
唐山	71.80	72.67	70.23	74.59	69.01	75.85	67.49	76.18	70.26	76.13
秦皇岛	59.78	71.82	56.86	71.25	55.21	70.22	54.45	68.99	55.17	70.90
邯郸	67.33	68.13	69.55	69.43	69.42	67.48	66.94	67.26	68.20	67.20
邢台	62.42	70.82	68.31	65.28	65.64	67.09	63.93	63.81	65.54	61.95
保定	65.79	70.42	66.16	68.42	65.27	70.95	66.00	65.29	67.34	62.86
张家口	59.99	61.30	61.23	64.79	59.57	66.18	57.26	65.80	53.98	68.04
承德	58.47	66.77	57.68	66.48	60.91	66.53	58.32	65.11	58.92	65.28
沧州	61.83	72.06	59.71	72.85	58.78	71.87	56.97	69.91	55.59	66.57
廊坊	66.82	78.53	66.61	68.66	62.37	70.50	68.83	65.94	59.35	63.16
衡水	56.04	71.92	61.46	70.36	60.21	72.11	58.10	71.77	55.06	71.21

(4)城市效率发展现状。由表 4-6 和图 4-27 可知,天津市的城市效率发展水平平均得分最高,略高于北京市和河北省各市,北京市次之,河北省各市平均得分最低。天津市与北京市的城市效率发展水平平均得分差距不显著,由现状分析可知,天津市在能源消耗效率方面较北京市有一定差距,但其地均生产率与北京市差距较小,且水资源利用率在 2016 年后明显高于北京市。说明天津市和北京市在各种能源利用效率方面有较大潜力。河北省各市的城市效率发展水平平均得分远低于天津市和北京市,河北省各市在地均生产率、水资源利用率和能源利用效率方面均低于两地,需提高对能源利用方面的重视程度。

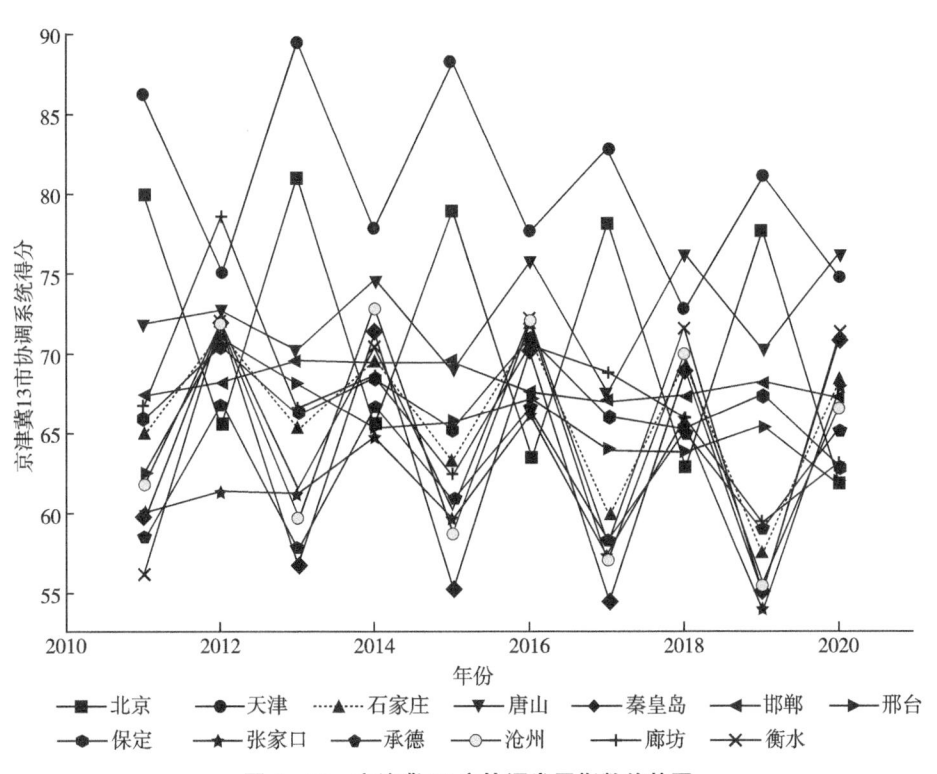

图 4-26 京津冀13市协调发展指数趋势图

表 4-6 2011—2020年京津冀城市效率发展水平

城市	2011年	2012年	2013年	2014年	2015年	2016年	2017年	2018年	2019年	2020年
北京	79.75	79.75	79.40	79.39	79.75	79.62	81.23	71.14	68.94	75.80
天津	79.24	79.41	80.77	81.57	82.98	82.54	88.39	77.13	75.26	88.94
石家庄	62.22	62.58	62.48	60.84	66.07	63.64	58.04	55.89	48.88	51.63
唐山	71.79	71.89	71.24	71.29	71.19	70.62	66.92	69.78	68.40	65.81
秦皇岛	59.01	61.07	59.50	59.02	60.50	62.91	63.09	64.12	63.46	51.80
邯郸	64.85	64.97	64.35	64.29	64.78	64.48	59.79	53.55	51.81	53.63
邢台	61.71	60.68	61.26	58.90	59.21	58.15	43.13	43.21	43.16	44.66
保定	53.16	53.87	53.56	51.38	52.94	51.29	46.71	43.17	42.93	44.05
张家口	59.89	60.18	60.30	60.49	61.12	60.68	59.07	50.85	49.58	51.24
承德	54.67	55.56	55.16	57.65	59.60	58.54	48.43	45.23	44.64	45.39
沧州	55.27	55.99	55.71	54.00	54.15	53.83	43.40	43.90	43.99	44.10
廊坊	57.54	58.46	58.01	56.67	57.58	54.15	46.68	45.78	45.13	45.93
衡水	55.42	56.03	54.85	53.29	53.86	52.56	47.83	45.82	45.76	46.85

图 4-27 京津冀 13 市效率发展指数趋势图

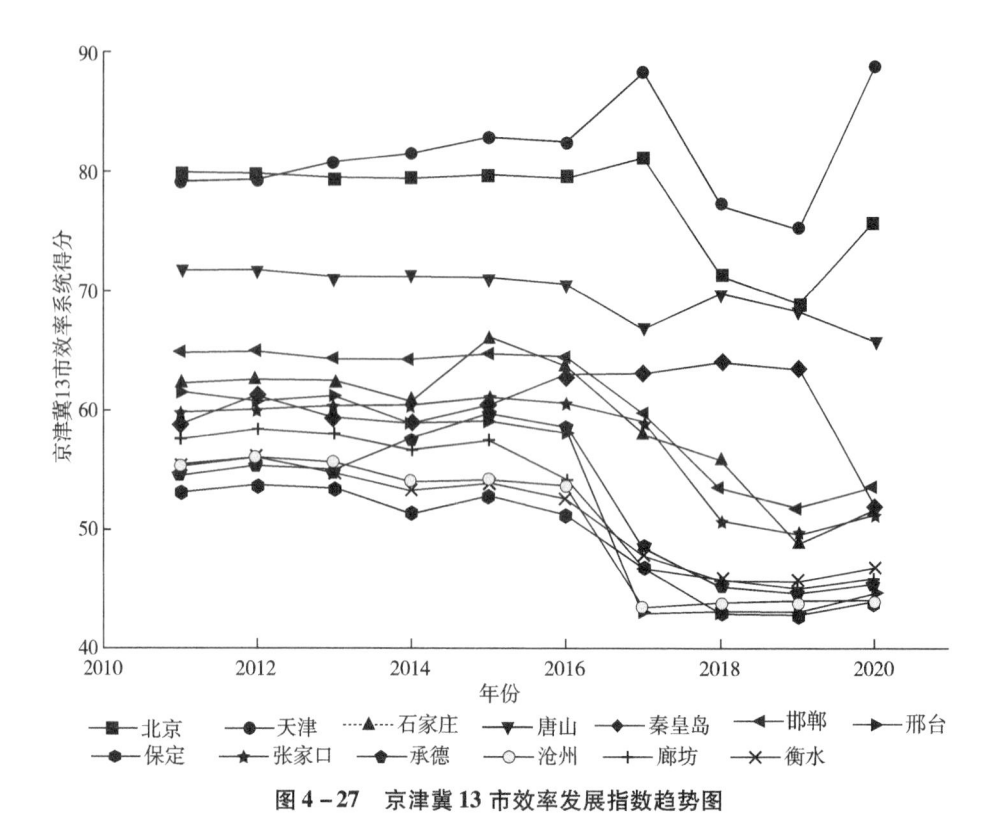

京津冀城市效率发展水平规律性不显著，天津市和北京市的波动变化趋势大致相同，2011—2017 年呈逐年增长趋势，北京市的增幅较低于天津市，2017 年后有较大波动，天津市的效率发展水平整体有了小幅度增加，北京市有小幅度降低。河北省各市的效率发展水平变化幅度不大，天津的效率发展水平呈逐年下降趋势，北京的效率发展水平一直处于领先地位，2018 年有较大幅度的下降。河北省各市呈波动降低趋势，除秦皇岛市外，其他城市的效率发展水平 2016—2018 年降幅较大。

（5）城市共享发展现状。由表 4-7 和图 4-28 可知，北京市共享发展水平平均得分最高，远超天津市和河北省各市，天津市和河北省各市的共享发展水平平均得分相差较小。与天津市和河北省各市对比，北京市的共享水平已经达到很高的水平。天津市的共享发展水平平均得分高于河北省各市，河北省内部各城市的共享发展水平也有差异，廊坊市的共享发展水平显著高于其他城市。

表 4-7　2011—2020 年京津冀城市共享发展水平

城市	2011年	2012年	2013年	2014年	2015年	2016年	2017年	2018年	2019年	2020年
北京	100.00	100.00	100.00	100.00	98.92	100.00	100.00	100.00	100.00	94.39
天津	70.47	70.12	66.91	68.55	67.07	68.01	64.03	63.36	61.83	61.61
石家庄	52.79	52.90	52.87	52.78	50.65	52.25	51.34	51.32	50.01	53.33
唐山	54.93	51.84	53.75	52.14	50.54	49.47	56.83	60.20	58.65	63.20
秦皇岛	56.31	54.44	54.95	58.61	66.18	59.05	59.35	58.82	55.01	62.37
邯郸	46.82	45.16	45.67	46.42	46.32	45.37	44.85	43.90	44.30	49.37
邢台	44.60	43.85	44.14	45.00	45.49	43.94	44.37	44.43	45.58	43.92
保定	43.74	44.01	42.13	41.70	41.92	41.47	41.91	41.28	40.99	47.41
张家口	42.71	44.49	44.80	47.19	51.67	50.60	50.88	50.69	48.94	57.05
承德	50.34	49.33	48.36	51.32	51.09	49.45	46.46	44.56	46.05	53.79
沧州	47.66	45.31	46.07	48.73	47.46	50.47	50.37	51.36	50.24	51.43
廊坊	64.69	64.31	63.94	65.30	64.12	64.27	60.28	65.37	64.62	66.37
衡水	47.44	46.95	46.24	45.22	44.69	44.12	44.92	44.73	44.73	47.59

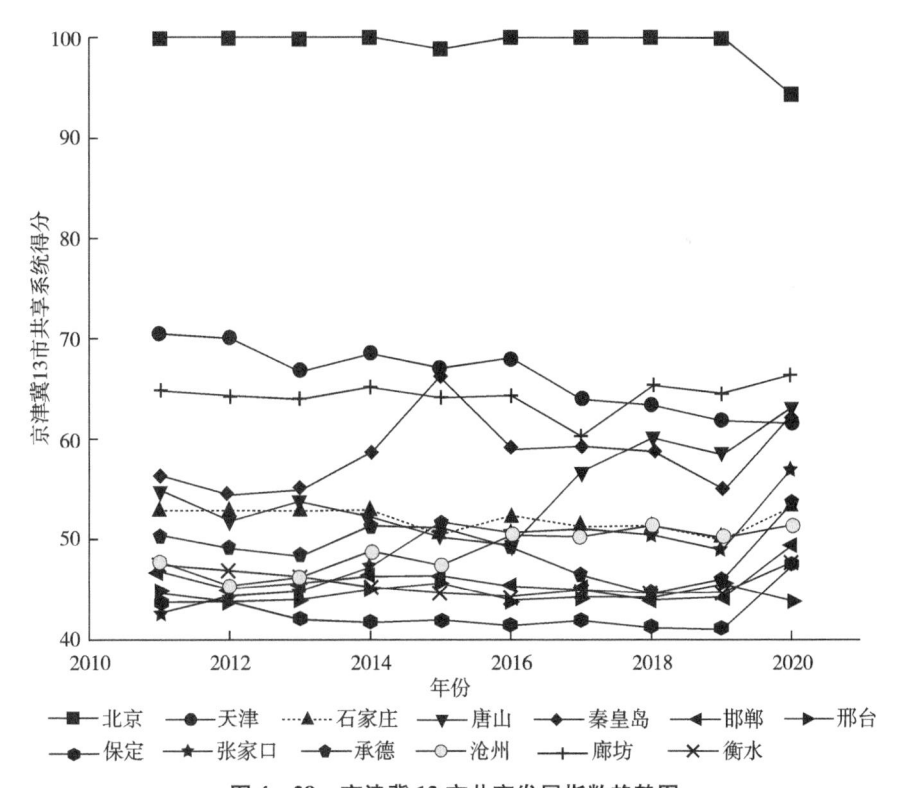

图 4-28　京津冀 13 市共享发展指数趋势图

从时序看，北京市的共享发展水平趋势平稳，波动幅度较小，2020年较2019年下降幅度较大，主要原因是每万人拥有卫生机构床位数的降幅较大。天津市呈整体下降趋势，且远低于北京市，主要原因是每万人拥有卫生机构床位数远低于北京市，河北省各城市中，衡水市和秦皇岛市的共享发展水平较高，除秦皇岛市与唐山市的波动幅度较大外，其他城市共享发展水平趋势波动幅度较小。

（6）城市人文发展现状。由表4-8和图4-29可知，河北省内仅有张家口市和秦皇岛市的人文发展水平平均得分低于北京市和天津市，河北省其他各市的人文发展水平平均得分均高于北京市和天津市，石家庄市的人文发展水平平均得分最高，由现状分析可知，河北省各市的人均地区生产总值低于北京市和天津市，自然增长率和升学率远超北京市和天津市。北京市的人文发展水平平均得分略高于天津市，主要原因是北京市的人均地区生产总值高于天津市。

表4-8 2011—2020年京津冀人文发展水平

城市	2011年	2012年	2013年	2014年	2015年	2016年	2017年	2018年	2019年	2020年
北京	59.81	60.54	61.33	64.16	63.24	70.79	59.48	72.17	62.03	69.35
天津	70.73	60.10	70.91	73.40	69.49	76.08	65.55	71.17	55.62	52.74
石家庄	75.48	70.58	75.76	79.82	78.89	81.91	80.86	69.01	69.81	68.08
唐山	65.44	64.11	65.09	75.44	80.00	77.90	77.99	67.84	69.45	60.10
秦皇岛	56.76	63.28	56.27	63.49	67.02	71.51	67.20	65.94	62.48	58.34
邯郸	74.20	74.45	77.37	78.62	76.80	79.35	75.39	63.95	66.90	70.98
邢台	75.63	68.22	72.86	72.20	77.63	78.71	77.35	57.31	65.83	69.33
保定	66.78	61.49	61.94	73.00	76.97	77.47	76.43	70.92	65.96	60.66
张家口	61.74	54.95	57.89	62.07	62.57	72.70	62.15	51.48	49.31	49.23
承德	70.95	71.13	67.06	71.79	71.90	71.73	71.13	55.49	64.28	61.97
沧州	73.12	72.48	71.07	75.29	80.40	79.56	87.00	60.69	75.85	72.43
廊坊	64.46	65.73	62.38	68.62	70.02	68.67	77.52	62.82	71.64	71.25
衡水	71.88	68.48	65.86	63.42	55.46	77.23	76.21	67.21	69.28	67.17

从时序看，京津冀各城市的人文发展水平变化趋势大致为先上升后下降的趋势，2011—2016年天津市的人文发展水平呈逐年上升趋势，2016—2020年人文发展水平逐渐回落，北京市较天津市波动频率较快，两地的人文发展水平评价得分差距不显著。河北省内部城市中，石家庄市的人文发展水平评价得分最高，衡水市的人文发展水平评价得分最低。

根据指标权重以及指标标准化可计算京津冀各个城市的高质量发展得分，

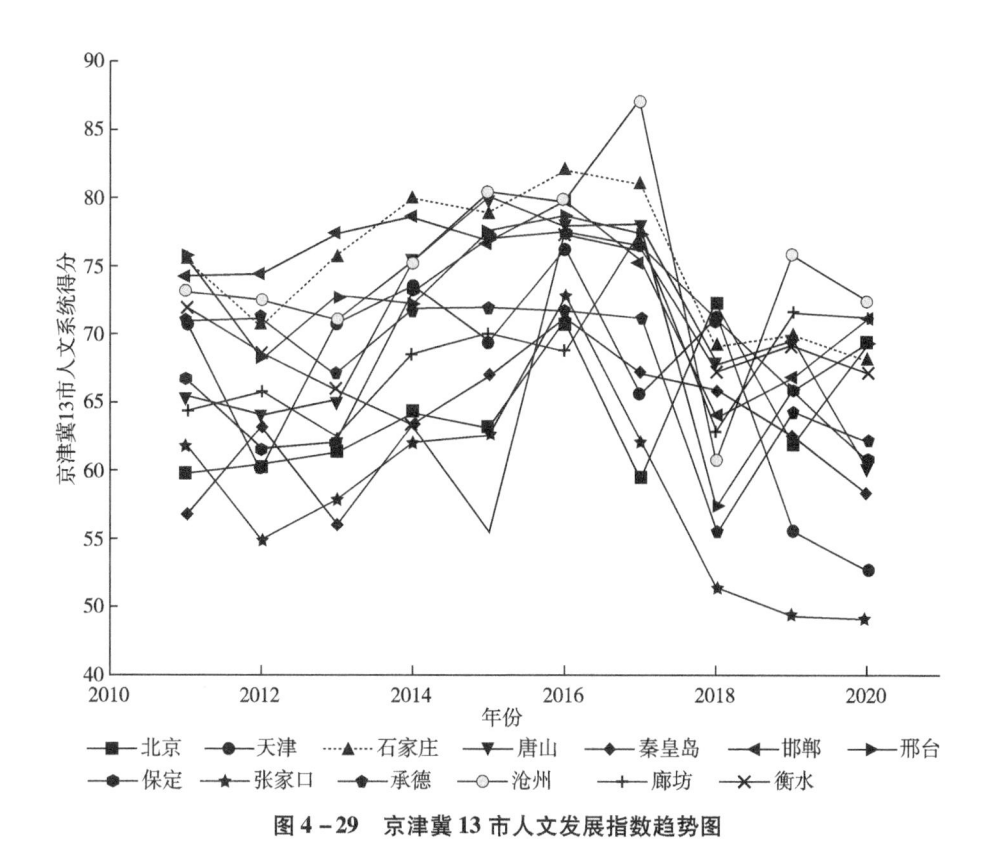

图 4-29 京津冀 13 市人文发展指数趋势图

见图 4-30。

由表 4-9 和图 4-30 可知，基于 2011—2020 年京津冀高质量发展水平评价结果，北京市高质量发展水平最高，其次是天津市，河北省各市最低。根据对京津冀高质量发展 6 个维度的概况以及对京津冀高质量发展 6 个维度的发展水平的分析结果，可以得到，北京市的人文发展水平、效率发展水平、协调发展水平低于天津市，但在绿色、共享、科技方面发展水平高于天津市。天津市的高质量发展水平低于北京市，较之有一定差距。从分系统来看，天津市在协调和效率方面的发展水平高于北京市和河北省各城市。河北省的高质量发展水平在京津冀三地中最低，且内部各城市的差异显著。

从时序发展看，除北京市、秦皇岛市、张家口市，京津冀其他城市的高质量发展趋势呈波动下降趋势。北京市和天津市的波动趋势大致相同，北京市的波动幅度较小，但整体有下降趋势，天津市的波动幅度较大，已经显示出下降趋势，应引起重视。河北省各城市的高质量发展趋势呈波动下降趋势。

表 4-9　2011—2020 年京津冀城市高质量发展水平

城市	2011年	2012年	2013年	2014年	2015年	2016年	2017年	2018年	2019年	2020年
北京	76.28	73.04	77.27	74.07	78.34	79.16	78.42	75.93	78.72	74.50
天津	72.07	68.85	73.36	72.07	74.02	73.42	69.82	66.76	69.59	65.91
石家庄	66.54	66.26	63.80	63.93	65.88	68.63	63.47	61.18	61.58	57.90
唐山	67.71	65.97	65.96	65.89	67.93	69.49	65.93	65.50	67.53	60.87
秦皇岛	63.47	64.17	62.20	64.53	65.03	69.35	65.02	64.12	61.48	57.85
邯郸	67.36	65.13	64.09	62.99	66.51	65.17	60.44	58.64	57.40	57.02
邢台	61.41	64.87	60.84	59.43	63.97	64.88	59.47	56.88	58.39	54.02
保定	59.61	60.66	58.92	61.19	61.89	62.71	58.81	58.46	57.06	53.84
张家口	59.71	60.04	60.77	60.19	63.52	66.47	60.74	57.36	59.67	54.90
承德	61.22	63.75	61.98	61.65	62.85	63.38	59.14	58.79	59.19	53.57
沧州	63.39	64.11	62.16	62.33	61.70	64.96	63.17	62.06	61.48	58.02
廊坊	63.57	66.94	63.11	62.36	64.74	65.54	63.50	61.34	62.36	58.11
衡水	60.13	64.36	59.30	57.25	55.13	61.43	62.43	61.53	60.81	57.17

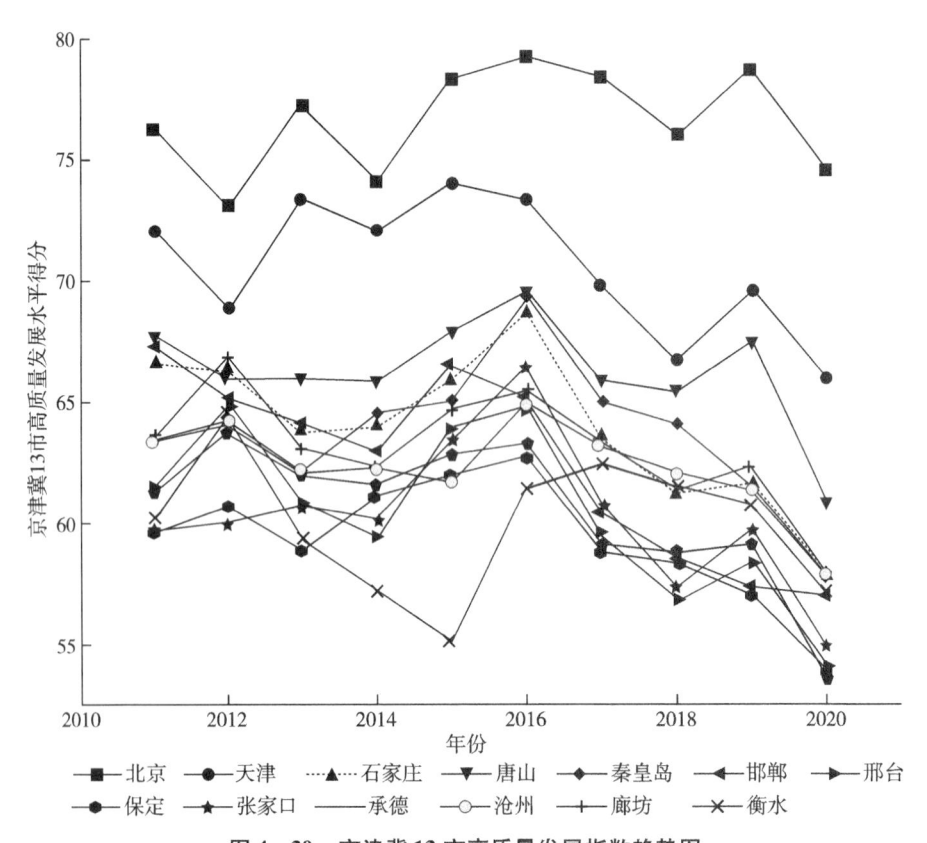

图 4-30　京津冀 13 市高质量发展指数趋势图

4.4.5 京津冀城市高质量发展的时空演变

1. 时间演变特征

为了更全面地分析京津冀城市群高质量发展情况，使用 SPSS 软件对 2011—2020 年京津冀城市群高质量发展水平进行描述性统计分析，得到以下结果。

由表 4-10 可知，2011—2020 年，京津冀城市群高质量发展水平呈现波动降低的趋势。由标准差可知，标准差范围为 3.32~6.02，差值为 2.70，表明城市群中城市的高质量发展水平的离散程度较大，内部城市间的高质量发展情况差别较大。变异系数的整体数值偏小，变化趋势为波动上扬趋势。2011—2016 年，变异系数波动频率较高，2016 年后，变异系数呈逐年增加趋势，说明京津冀城市群高质量发展水平的差异较小，但空间差异呈增加趋势。对研究期内偏态系数的变化分析，偏态系数的波动较为剧烈，且波动幅度较大，最低的 2012 年与最高的 2020 年相差 1.20，说明京津冀城市群中，高质量发展的城市数量不稳定，对城市群高质量发展的整体把握仍处于摸索阶段，整体呈增加趋势，表明京津冀城市群中高质量发展水平的城市所占比重有所增加。峰态系数的变化幅度较大，2011 年城市群的峰态系数最低，表明此时城市群内高质量发展水平差距较小且高质量发展水平相似的城市分布较为分散，整体呈波动增加趋势，说明京津冀城市群中城市的高质量发展水平差距增大，且高质量发展水平相似的地区呈现聚集情况。

表 4-10 2011—2020 年京津冀城市高质量水平描述性统计量

统计量	2011 年	2012 年	2013 年	2014 年	2015 年	2016 年	2017 年	2018 年	2019 年	2020 年
平均值	64.81	65.24	64.14	63.68	65.50	67.28	63.87	62.20	62.71	58.74
标准差	5.06	3.32	5.38	4.74	5.73	4.82	5.36	5.13	6.02	5.77
变异系数	0.08	0.05	0.08	0.07	0.09	0.07	0.08	0.08	0.10	0.10
偏态系数	1.12	0.77	1.71	1.21	0.79	1.35	1.86	1.70	1.82	1.97
峰态系数	0.80	1.85	2.43	1.21	1.77	2.01	4.07	3.62	3.50	4.30

2. 空间演变特征

为了对京津冀城市群高质量发展水平的空间特征进一步分析，将城市群高质量发展水平划分为四个等级，依次为 I 级（低质量发展）、II 级（较低质量发展）、III 级（较高质量发展）IV 级（和高质量发展），见表 4-11。

将 2011—2020 年京津冀城市群各城市的高质量发展水平进行分级，见表 4-12，可以发现，北京市一直居于 IV 级区；天津市 2012 年、2017—2019 年为Ⅲ级区，其他年份均在Ⅳ级区；石家庄市的高质量发展水平有波动，在2011—2012年、2015—2016年处于Ⅲ级区，其他年份均处于Ⅱ级区，说明石家庄市的高质量发展水平略有下降；研究期间内，唐山市一直处于Ⅲ级区，沧州市均处于Ⅱ级区；秦皇岛市2015-2017年处于Ⅲ级区，其他年份均处于Ⅱ级区；邯郸市的高质量发展水平呈波动趋势，2013—2014年由Ⅲ级区下降为Ⅱ级区，2015—2016年再次上升为Ⅲ级区，2017、2020年为Ⅱ级区，2018—2019年下降为Ⅰ级区；除2014年外，邢台市2011—2016年均处于Ⅱ级区，2017—2020年，邢台市下降为Ⅰ级区；研究期间内，保定市在2012、2014-2016年的高质量发展水平处于Ⅱ级区，其他年份均处于Ⅰ级区；张家口市2011年处于Ⅰ级区，2011—2017年中，仅2016年处于Ⅲ级区，其他年份处于Ⅱ级区，2018-2020年下降为Ⅰ级区；承德市2011—2016年均处于Ⅱ级区，2017—2020年下降为Ⅰ级区；除2012、2016年处于Ⅲ级区外，其他年份廊坊市均处于Ⅱ级区；衡水市2013—2015年处于Ⅰ级区，其他年份上升到Ⅱ级区。

表4-11 京津冀城市群高质量发展水平测度分级标准

高质量发展水平等级	Ⅰ级（低）	Ⅱ级（较低）	Ⅲ级（较高）	Ⅳ级（高）
取值范围	$55 \leqslant G < 60$	$60 \leqslant G < 65$	$65 \leqslant G < 70$	$70 \leqslant G$

表4-12 京津冀城市群高质量发展水平分级

	北京	天津	石家庄	唐山	秦皇岛	邯郸	邢台	保定	张家口	承德	沧州	廊坊	衡水
2011	Ⅳ	Ⅳ	Ⅲ	Ⅲ	Ⅱ	Ⅲ	Ⅱ	Ⅰ	Ⅰ	Ⅱ	Ⅱ	Ⅱ	Ⅱ
2012	Ⅳ	Ⅲ	Ⅲ	Ⅲ	Ⅱ	Ⅲ	Ⅱ	Ⅱ	Ⅱ	Ⅱ	Ⅱ	Ⅲ	Ⅱ
2013	Ⅳ	Ⅳ	Ⅱ	Ⅲ	Ⅱ	Ⅱ	Ⅱ	Ⅰ	Ⅱ	Ⅱ	Ⅱ	Ⅱ	Ⅰ
2014	Ⅳ	Ⅱ	Ⅱ	Ⅲ	Ⅱ	Ⅱ	Ⅰ	Ⅱ	Ⅱ	Ⅱ	Ⅱ	Ⅱ	Ⅰ
2015	Ⅳ	Ⅳ	Ⅲ	Ⅲ	Ⅲ	Ⅲ	Ⅱ	Ⅱ	Ⅱ	Ⅱ	Ⅱ	Ⅲ	Ⅰ
2016	Ⅳ	Ⅳ	Ⅲ	Ⅲ	Ⅲ	Ⅲ	Ⅱ	Ⅱ	Ⅲ	Ⅱ	Ⅱ	Ⅲ	Ⅱ
2017	Ⅳ	Ⅲ	Ⅱ	Ⅲ	Ⅲ	Ⅱ	Ⅰ	Ⅰ	Ⅱ	Ⅰ	Ⅱ	Ⅱ	Ⅱ
2018	Ⅳ	Ⅲ	Ⅱ	Ⅲ	Ⅱ	Ⅰ	Ⅰ	Ⅰ	Ⅰ	Ⅰ	Ⅱ	Ⅱ	Ⅱ
2019	Ⅳ	Ⅲ	Ⅱ	Ⅲ	Ⅱ	Ⅰ	Ⅰ	Ⅰ	Ⅰ	Ⅰ	Ⅱ	Ⅱ	Ⅱ
2020	Ⅳ	Ⅳ	Ⅱ	Ⅲ	Ⅱ	Ⅱ	Ⅰ	Ⅰ	Ⅰ	Ⅰ	Ⅱ	Ⅱ	Ⅱ

总体来看，京津冀城市群高质量发展水平的空间差异较为显著。从分级结果来看，Ⅳ级区与Ⅰ级区的高质量发展水平差异较大，且有很强的两极化

现象。Ⅳ级区的城市数量最少，主要为高质量发展水平较高的城市，如北京市和天津市，北京市作为首都、天津市作为直辖市对人才的吸纳，技术的提升以及资金的汇聚均有较大的优势，是城市群高质量发展的核心城市。Ⅲ级区的城市数量较Ⅳ级区多，主要城市是唐山市、石家庄市和邯郸市，是河北省高质量发展较高的城市，具有发展成核心城市的潜力；Ⅱ级区主要城市是秦皇岛市、衡水市、沧州市、廊坊市，主要是与Ⅳ级区和Ⅲ级区距离较近的城市，主要位于京津冀城市群的东南区；Ⅰ级区主要城市是邢台市、承德市、张家口市、保定市，主要是位于京津冀城市群的西北区，与城市群核心城市的联系较小，受其正向影响较小。

4.5 本章小结

本章完成了指标体系的构建以及对京津冀地区 6 个子系统以及高质量发展水平进行了时空演化分析。本章首先概括了京津冀区域的资源环境状况和高质量发展的 6 个子系统的发展概况，其次根据 CRITIC 方法确定评价指标体系的准则层各个子系统和指标层各指标的权重，综合分析了各个子系统以及高质量发展水平，得出京津冀各个城市的高质量发展水平存在显著差异，各个子系统的发展对比可以看出，绿色系统得分最高，人文系统、协调系统和效率系统得分最后，共享系统和科技系统的得分最低。

第 5 章　京津冀协同发展评价及路径优化

本章首先需要确定在耦合协调度模型中京津冀区域内城市的权重，对此，本书采用灰色关联度评价模型确定城市群中不同城市的灰色关联度，得到灰色关联矩阵，对其利用聚类系数确定京津冀区域各城市权重，再利用确定好的权重构建耦合协调度模型，实证测度京津冀整体的协同发展程度。

5.1　耦合协调度评价思路

基于京津冀区域各城市高质量发展水平以及各个系统得分的基础上，计算京津冀城市群耦合协调度。首先，依据绿色、科技、协调、效率、共享、人文系统以及高质量发展的得分计算出城市间的灰色关联度；其次，基于灰色关联矩阵，利用聚类系数法计算各城市在不同系统的权重；最后，计算不同系统内城市的耦合协调度。

5.2　城市权重的确定

本节以京津冀区域城市为研究对象，利用灰色关联度方法确定城市间相关程度，在灰色关联矩阵基础上利用聚类系数法确定城市权重。

5.2.1　计算城市间灰色关联度

灰色关联度方法是计算京津冀两两城市间的发展趋势的相似或相异程度，两个城市间的发展趋势越相近，则灰色关联度越大。公式如下：

$$\gamma_{ij} = \frac{s_{ij}}{M} \approx \frac{1}{M}\sum_{t=1}^{M}\xi_{ij}(t) \tag{5.1}$$

$$\xi_{ij}(t) = \frac{\Delta\min + k\Delta\max}{\Delta_{ij}(t) + k\Delta\max} \tag{5.2}$$

$$\Delta_{ij}(t) = |x_i(t) - x_j(t)| \tag{5.3}$$

$$\Delta\max = \max_i \max_j \Delta_{ij}(t) \tag{5.4}$$

$$\Delta\man = \min_i \min_j \Delta_{ij}(t) \tag{5.5}$$

其中，$x_i(t)$ 和 $x_j(t)$ 表示子系统 i 和子系统 j 在 t 时刻的数值，k 为分辨系数，一般取 0.5，$\xi_{ij}(t)$ 为子系统 i 和子系统 j 在 t 时刻的关联度；γij 为灰色关联度。

5.2.2 计算城市间灰色关联矩阵

本书运用 Matlab 软件，对京津冀区域城市的绿色、协调、创新、效率、共享、人文 6 个子系统以及各城市高质量发展水平进行灰色关联度分析，得到灰色关联矩阵，以高质量发展的灰色关联矩阵为例（见表 5-1）。同时，根据灰色关联矩阵画出灰色关联图（见下图），颜色越深代表城市间灰色关联度越大。

表 5-1　2011—2020 年京津冀区域城市高质量发展灰色关联矩阵

城市	北京	天津	石家庄	唐山	秦皇岛	邯郸	邢台	保定	张家口	承德	沧州	廊坊	衡水
北京	1.00	0.70	0.66	0.77	0.70	0.63	0.67	0.69	0.69	0.73	0.71	0.75	0.69
天津	0.71	1.00	0.72	0.79	0.70	0.73	0.75	0.74	0.75	0.79	0.73	0.77	0.60
石家庄	0.65	0.70	1.00	0.74	0.72	0.72	0.79	0.82	0.77	0.79	0.72	0.77	0.56
唐山	0.74	0.76	0.72	1.00	0.74	0.61	0.69	0.75	0.70	0.71	0.79	0.80	0.66
秦皇岛	0.66	0.64	0.69	0.72	1.00	0.55	0.64	0.71	0.71	0.64	0.71	0.70	0.59
邯郸	0.66	0.75	0.76	0.68	0.64	1.00	0.77	0.71	0.70	0.81	0.66	0.70	0.65
邢台	0.70	0.76	0.81	0.73	0.71	0.76	1.00	0.78	0.72	0.78	0.71	0.76	0.66
保定	0.70	0.74	0.83	0.77	0.75	0.68	0.77	1.00	0.76	0.81	0.77	0.76	0.61
张家口	0.72	0.77	0.80	0.75	0.77	0.70	0.77	0.78	1.00	0.76	0.73	0.76	0.60
承德	0.73	0.78	0.80	0.74	0.69	0.79	0.78	0.81	0.73	1.00	0.73	0.82	0.61
沧州	0.63	0.64	0.64	0.74	0.66	0.53	0.61	0.71	0.63	0.65	1.00	0.76	0.62
廊坊	0.73	0.74	0.75	0.81	0.71	0.64	0.76	0.73	0.71	0.80	0.8	1.00	0.70
衡水	0.73	0.62	0.62	0.73	0.68	0.57	0.68	0.65	0.62	0.65	0.74	0.75	1.00

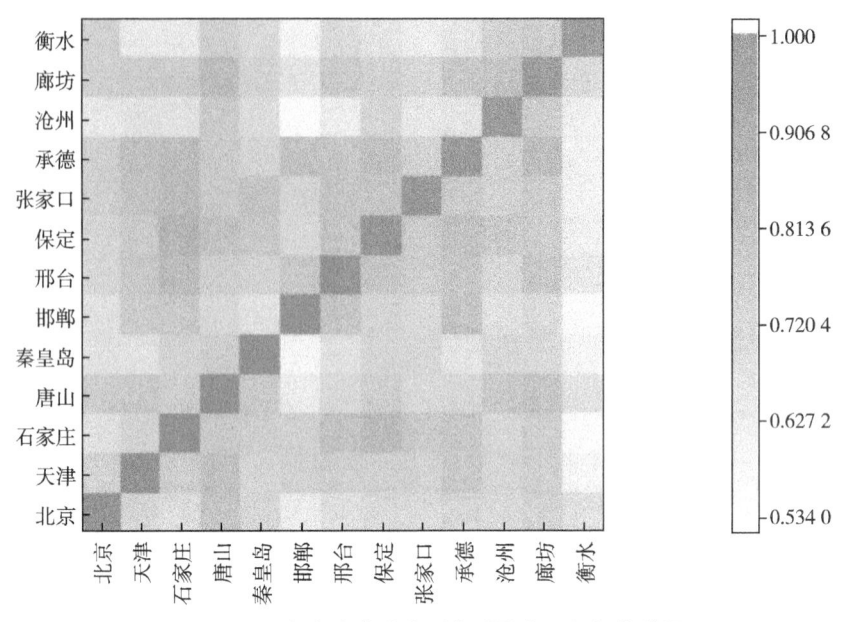

2011—2020 年京津冀城市群高质量发展灰色关联图

由表 5-1 和上图可知，京津冀城市群城市间灰色关联度主要受距离影响，距离越近，灰色关联度越大。由表 5-1 可知，北京市与唐山市和廊坊市的灰色关联度较大，北京与两市的距离也较近，邢台市与石家庄市和邯郸市的灰色关联度较大。同时，同一个城市对其他城市影响效果的差异性也不同，北京市对其他城市影响差异较小，说明北京市在城市群中带动作用相差较小。石家庄市对其他城市的影响差异较大，石家庄对保定市的影响程度高达 0.828，对衡水市的影响程度为 0.617，石家庄市与衡水市的距离较近，但两地经济结构相差较大，导致灰色关联度较小。

5.2.3 各城市权重确定

聚类系数是计算网络中节点聚集性的指标，可以用于确定节点的重要性。以京津冀城市群为研究对象，聚类系数可以用于计算城市的重要性，聚类系数越大，则节点城市的重要性越大，根据聚类系数结果计算城市的权重。公式如下：

$$C_i = \frac{2n}{k(k-1)} \quad (5.6)$$

式中，C_i 表示网络中第 i 个城市的聚类系数，k 表示可能与城市 i 相连的邻居节点的个数，n 表示与城市 i 直接相连的邻居节点的个数。

根据灰色关联矩阵使用聚类分析法求得京津冀区域各城市在不同系统的权重，见表 5-2。

表 5-2 京津冀区域各城市权重表

城市	绿色	科技	协调	效率	共享	人文	高质量
北京	0.07	0.08	0.10	0.08	0.07	0.08	0.08
天津	0.08	0.07	0.09	0.08	0.08	0.08	0.08
石家庄	0.08	0.08	0.07	0.07	0.08	0.08	0.08
唐山	0.08	0.08	0.07	0.08	0.09	0.07	0.08
秦皇岛	0.08	0.08	0.08	0.09	0.08	0.08	0.08
邯郸	0.08	0.07	0.08	0.07	0.08	0.08	0.08
邢台	0.07	0.08	0.08	0.08	0.07	0.07	0.07
保定	0.08	0.08	0.08	0.07	0.08	0.07	0.07
张家口	0.09	0.07	0.07	0.07	0.08	0.08	0.08
承德	0.08	0.08	0.07	0.08	0.08	0.07	0.07
沧州	0.08	0.08	0.08	0.08	0.08	0.07	0.09
廊坊	0.08	0.08	0.07	0.08	0.08	0.08	0.08
衡水	0.09	0.08	0.08	0.08	0.08	0.08	0.08

5.3 城市耦合协调度评价

耦合协调度既反映了城市间的耦合度，也反映了城市间的协调度，可分析京津冀城市群高质量发展协调发展水平，其计算公式如下：

$$C = \left\{ \frac{f(x) \times g(y) \times h(z)}{\left[\frac{f(x) + g(y) + h(z)}{3}\right]} \right\}^k \tag{5.7}$$

$$T = \alpha f(x) + \beta g(y) + \gamma h(z) \tag{5.8}$$

$$D = \sqrt{C \times T} \tag{5.9}$$

式中，$f(x)$、$g(y)$、$h(z)$ 为京津冀的指标标准化值，α、β、γ 为对应权重，C 表示京津冀城市群系统耦合系数，T 为京津冀高质量发展综合协调指数，D 为耦合协调指数，即协同发展度。

利用耦合协调模型计算得到城市耦合协调度，见表5-3。

表5-3 2011—2020年城市群城市耦合协调度

年份	2011	2012	2013	2014	2015	2016	2017	2018	2019	2020
绿色协同	0.56	0.83	0.50	0.18	0.71	0.65	0.54	0.54	0.58	0.63
科技协同	0.68	0.58	0.72	0.38	0.61	0.85	0.47	0.38	0.58	0.47
协调协同	0.54	0.80	0.61	0.79	0.59	0.76	0.35	0.56	0.30	0.44
效率协同	0.89	0.91	0.90	0.88	0.93	0.90	0.49	0.32	0.15	0.31
共享协同	0.64	0.44	0.55	0.68	0.64	0.47	0.52	0.48	0.41	0.62
人文协同	0.58	0.54	0.47	0.79	0.71	0.95	0.77	0.32	0.51	0.32
协同高质量	0.71	0.64	0.60	0.57	0.66	0.96	0.59	0.22	0.33	0.45

由表5-3可知，京津冀城市群各系统的耦合协调度呈波动降低趋势，且不同系统的耦合协调度存在差异。2014年绿色协同较低，主要原因是京津冀各城市的空气质量优良天数相差较大，绿色协同整体呈先下降后上升的趋势，说明京津冀在重视经济发展的同时提高了对环境的重视程度。科技协同和协调协同的下降趋势较为明显，说明京津冀不同城市对科技和协调的重视程度有显著差异，北京市和天津市对科技的重视程度较高，且对人才的吸纳能力较强，河北省应提高对科技的经费投入和对人才的吸纳。协调协同的波动幅度较大，最高值为2012年的0.80，最低值为2019年的0.30。效率协同2016年开始降低幅度较大，主要原因是2019年城市间的地均生产率有较大差异。共享效率整体呈波动下降趋势，2018年主要原因是各城市教育支出占公共财政支出的比重差异较大，2020年下降的主要原因是各城市每百人拥有公共图书馆藏书量有显著差异。2020年人文协同的耦合协调度较2011年降低，主要原因是各城市自然增长率差异较大。2018年协同高质量的耦合协调度为最小值，各城市的科技协同和人文协同耦合协调差异较大占主要原因。

5.4 城市耦合协调度时序分析

为了对京津冀城市群各子系统以及高质量发展的耦合协调程度进行归纳，将耦合协同度划分为以下类型，见表5-4。

表 5-4　京津冀城市群耦合协调度分级标准

耦合协调度等级	取值范围
严重失调	$0.1 \leqslant D < 0.2$
中度失调	$0.2 \leqslant D < 0.3$
轻度失调	$0.3 \leqslant D < 0.4$
濒临失调	$0.4 \leqslant D < 0.5$
勉强协调	$0.5 \leqslant D < 0.6$
初级协调	$0.6 \leqslant D < 0.7$
中级协调	$0.7 \leqslant D < 0.8$
良好协调	$0.8 \leqslant D < 0.9$
优质协调	$0.9 \leqslant D < 1$

根据耦合协调度划分标准将各个子系统和高质量发展的协同程度进行分级，得到表 5-5。可以得出，绿色协同的波动程度较大，在 2014 年的耦合协调度最低，主要原因是各个城市在 $PM_{2.5}$ 年平均浓度和一般工业固体废物综合利用率的差异较大，在研究期内，绿色协同的耦合协调度整体上升了一个量级，说明京津冀城市群城市在绿色协同方面的努力有了正面结果。在科技协同方面，耦合协同类型的整体跨度较大，最低为 2014 年的中度失调，最高为 2016 年的良好协调，相差 6 个等级，说明城市群城市在科技协调方面的力度不够，北京市的科技发展显著高于河北省各市，河北省应提高自己的科技发展力度，北京市也需要通过人才输送等方式带动河北省科技发展。协调协同的耦合协调情况在 2017 年前较好，2017 年后协调程度明显下降，最差达到中度失调的水平，主要原因是各城市间的人均收入水平差异较大，北京市和天津市明显高于河北省各市，河北省应提升整体经济发展水平，从而提高居民收入。由表 5-5 可知，效率协同在优质协调等级的次数最多，但 2011—2020 年的等级差也最大，2019 年达到最低点严重失调，主要原因是低均生产率、水资源利用率和能源利用率均不平衡。共享协同的耦合协调程度较为平稳，变化程度较小，主要原因是京津冀城市群各城市在共享方面的发展水平均较高，城市间的协调交容易实现。人文协同整体呈先变好后变差的趋势，2016 年达到最高点优质协调，说明城市群各城市在人文方面的协调有一定进展但后续没有持续性发力，各城市应重新重视人文系统的耦合协同情况。协同高质量的耦合协调等级整体呈变差趋势，2022 年较 2011 年下降了三个等级，

2018年达到最低点中度协调，2018—2020年呈现回升趋势，高质量发展的耦合协同等级提升，但仍未达到较高水平。

表5-5　2011—2020年城市群城市耦合协调度

年份	2011	2012	2013	2014	2015	2016	2017	2018	2019	2020
绿色协同	勉强协调	良好协调	濒临失调	严重失调	中级协调	初级协调	勉强协调	勉强协调	勉强协调	初级协调
科技协同	初级协调	勉强协调	中级协调	轻度失调	初级协调	良好协调	濒临失调	轻度失调	勉强协调	濒临失调
协调协同	勉强协调	中级协调	初级协调	中级协调	勉强协调	中级协调	轻度失调	勉强协调	中度失调	濒临失调
效率协同	良好协调	优质协调	优质协调	良好协调	优质协调	良好协调	濒临失调	轻度失调	严重失调	轻度失调
共享协同	初级协调	濒临失调	勉强协调	初级协调	初级协调	濒临失调	勉强协调	濒临失调	濒临失调	初级协调
人文协同	勉强协调	勉强协调	濒临失调	中级协调	中级协调	优质协调	中级协调	轻度失调	勉强协调	轻度失调
协同高质量	中级协调	初级协调	初级协调	勉强协调	初级协调	优质协调	勉强协调	中度失调	轻度失调	濒临失调

5.5　京津冀协同发展路径优化

京津冀协同发展在国家发展战略中具有重要地位，要充分认识当前京津冀协同发展形势，通过构建京津冀协同发展的一体化产业链、一体化基础设施、一体化市场、一体化环境保护等措施促进京津冀协同发展。

京津冀协同发展的目的是实现同城化和高度一体化。习近平总书记对京津冀协同发展提出了加强顶层设计、加大对协同发展的推动、加快推进产业对接协作、调整优化城市布局和空间结构、扩大环境容量生态空间、构建现代化交通网络系统和加快推进市场一体化进程的发展要求。京津冀协同发展过程中要通过同城化建设，在产业、基础设施建设、区域性市场、城乡统筹、生态环境保护和社会公共服务等领域实现一体化发展，形成经济、利益、环保和责任共同体。

1. 构建京津冀协同发展的一体化产业链

产业是京津冀协同发展的基础，加快推进京津冀的产业发展一体化需要打破行政区域界限，避免各自为政的产业规划格局。要坚持高站位、高起点，在规划、政策、分工、链条、布局、建设和市场统一部署，突出京津冀城市的产业特色，深化各城市间的分工，进一步优化产业结构，延伸链条，加快发展大产业集群，在各城市之间形成密切的产业链体系。要集中规划建设一批各具特点的产业集聚区，形成各产业区的合理分工、优势互补的发展格局。

京津冀各城市之间要结合区域实际，客观分析比较优势和面临的制约因素，把自身放到京津冀协同发展的大范围内来考虑分工，从而明确产业、功能和发展定位，围绕产业发展方向和目标，积极发展具有自身特色的经济和产业，同时加强城市间的分工协作，建立起庞大的特色产业链，构建起区域特色产业集群。

2. 构建京津冀协同发展的一体化基础设施

京津冀一体化基础设施建设主要包括实现在交通、能源、通信等领域的共享和互联互通。构建京津冀协同发展的一体化基础设施，就是要统筹规划和实施基础设施建设，立足各城市的城镇空间结构进行谋划，实现各城市间的协调发展。要形成满足京津冀整体发展需要的基础设施网络，打造基础设施连接带，让基础设施具有区域化特征，实现京津冀基础设施共建共管共享，保障经济社会发展需要。通过一体化的基础设施建设，建立起跨京津冀区域的智能化高速交通运输网络；建立更加经济、安全、可靠的电力供应网络；建立综合数字化的信息通信网络和防洪、抗旱的水利设施网络，全面提高京津冀基础设施保障程度。

3. 构建京津冀协同发展的一体化市场

加快推进京津冀协调发展，就是要构建一体化市场，坚持以市场为主导，发挥企业主体作用和政府监管作用，实现区域间资源共享、市场共通、利益共享，对京津冀城市区进行整体规划、重点布局、逐步推进，打破城市间的条块分割和政策机制形成的市场壁垒。要遵循市场经济发展规律，建立起满足产业发展和消费需求的多层级市场网络，形成商品和生产要素自由流动的一体化市场机制。通过京津冀城市群一体化市场建设，构建统一开放、商品齐全、有序竞争的活跃的区域市场，严格规范市场的准入和退出机制，实现在京津冀范围内的开放和共享。在协同发展的基础上，形成统一的市场准入条件、标准，打破城市间条块分割的壁垒，营造公平、有序的市场竞争环境，

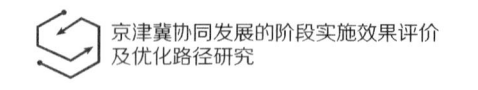

形成京津冀协同发展的市场共同体。

4. 构建京津冀城市群协同发展的一体化环境保护

经济发展必然会对生态环境保护带来新的要求和挑战,"五位一体"总体布局对加强生态环境建设提出了更新、更高的要求。如何统筹好京津冀的经济发展和生态环境保护的关系,是协同发展过程中的重要课题。京津冀协同发展一体化环境保护包括一体化的生态功能区建设、一体化的生态敏感区建设、一体化的生态示范区建设和一体化的环境污染综合整治建设等方面。京津冀协同发展过程中涉及大气污染保护、水污染保护和固体废弃物污染保护等诸多跨区域,需要各城市协同配合的环境污染综合整治问题。这些问题需要京津冀城市群范围内所有城市的共同努力、密切配合,建立起一体化的环境污染综合治理和保护体系,共同做好跨行政区划的污水治理、大气污染防治和固体废弃物防治,统筹规划和布局大型污水处理设施和大型垃圾填埋设施的选址和建设工作,实现京津冀区域内对大气和水环境的共同防治,实现京津的蓝天、河流等自然环境的生态共享。

5.6 京津冀协同发展政策建议

本书对京津冀高质量发展水平进行分析,并对京津冀协同高质量发展水平进行测度,根据研究结果提出以下建议:

1. 整体统筹协调,促进合作发展

城市群是构建不同类型城市协调发展的主体,提升区域发展的重中之重是推动城市的协调发展。城市间协调发展也是推动城市内部的高质量发展以及城市间空间联系紧密程度的关键。协调不仅是城市内部的协调,还包括城市群在各个系统的协调情况。因此,京津冀协同高质量发展不仅需要加强城市内部的协同,还需要提升城市间空间联系,从而增强城市间的协同联动。政府应提出相应规划,主动引导城市间的沟通合作,探究空间联系模式和城市间传导机制,提高城市群协同合作。以城市的高质量发展为基础,科学系统的规划为手段,同时,政府应增加财政投入,更加准确地落实规划,加快城市群高质量发展和协同高质量发展的进程。

2. 把握空间特征,补充京津冀城市短板

以京津冀为复杂大系统来看,对城市群的短板首先应从全局角度出发,了解京津冀整体的优势和短板,通过资源的调整和人才的流动,积极发展京津冀城市群优势产业，优势产业带动城市群短板产业。对于城市的发展，要把握城市群的空间特征，利用空间距离相近的条件，发挥优势弥补短板。北京市和天津市的经济发展水平较高，科技水平位居前列，应带动相近城市的经济发展和高质量发展。处于城市群边缘、距离较远的城市，应该积极与邻近城市连接，形成互相促进的小规模区域，从而促进城市的协同高质量发展和高质量发展。

3. 增强城市联系紧密度，提高京津冀区域协同高质量发展水平

对于城市群协同高质量发展水平较低，城市间联系强度较弱的难题，各个城市应把握自身优势产业，在保证经济发展的前提下促进城市的整体协调，从而带动城市短板的发展。如天津市属于海港城市，在传统工业的发展基础上，向高技术制造业转变，同时利用其优越的地理位置发展沿海运输业务。总体来看，京津冀城市群应增加城市间信息的流动，形成区域信息交流互通的体系，达成城市群资源流动，要素共享的局面。政府应树立京津冀城市群高质量发展和协同高质量发展的共同目标，确定提高要素流动的措施。通过信息交流提高城市群联系紧密程度，提高城市群各个系统和高质量发展水平，加快城市群协同高质量发展的脚步。同时，其他城市应提升自身发展水平，如张家口、秦皇岛利用自身资源，对旅游产业进行大力发展，通过提升旅游业增加周边产业的效益，从而增加城市高质量发展水平，更有利于接受核心城市的带动，从而增加城市间的紧密度，提高协同高质量发展水平。

5.7 本章小结

本章对京津冀城市群城市耦合协调度进行测算，利用灰色关联度方法和聚类系数法确定了各个系统中城市的权重，结合高质量发展得分，计算得到城市间耦合协调度，得出京津冀在不同子系统的耦合协调程度有较大差异，在协同高质量发展的道路上仍需继续探索。

第 6 章 京津冀高质量发展空间关联分析

本章通过构建京津冀区域城市间的协同高质量联系强度模型，对京津冀各城市之间的城市联系强度进行计算。利用社会网络分析法对城市群空间联系网络进行特征分析，采用全局 Moran's I 指数和局部 Moran's I 指数法得到空间聚集结果，对城市的聚集情况进行分析，分析京津冀城市高质量发展的区域协同内部差异。

6.1 研究方法

6.1.1 修正引力模型

城市间联系强度符合空间结构，且距离越近，联系强度越大，可以使用基础引力模型。在此基础上，本文对引力模型进行修正，测算京津冀城市间联系强度，综合评价城市群发展的紧密程度。

$$R_{ij} = \frac{\sqrt{P_i N_i G_i} * \sqrt{P_j N_j G_j}}{D_{ij}^2} \tag{6.1}$$

$$R_i = \sum_{j=1}^{n} R_{ij} \tag{6.2}$$

式中，R_{ij} 为城市 i 和城市 j 的城市联系强度；P_i 表示京津冀城市群中城市 i 的高质量发展水平，N_i 表示城市群中城市 i 的城镇人口；G_i 表示城市 i 的地区生产总值；D_{ij} 为城市 i 和 j 之间的实际交通里程，本文采用最短公路里程来表示；式（6.2）中，R_i 为城市 i 与其他城市的联系强度，即对外联系强度。

6.1.2 社会网络分析法

社会网络分析是将研究对象作为网络节点，对象间的社会关系作为网络的边，以复杂网络的研究方法对其进行研究。本文借助 UCINET 软件运用社会网络分析法，从整体、个体、群体 3 个视角进行分析，探索城市群中各城市之间在高质量发展空间联系的密切程度和结构状况。研究关联网络的总体结构，探寻各城市在城市群空间内关联中的具体作用和角色，考察各城市在网络中是否具有中介作用。

1. **网络密度**

利用网络密度代表京津冀各城市之间相互关联的紧密程度。网络密度的大小与各城市间相互关联的紧密程度呈正相关关系，其计算方法见下式：

$$D = \frac{L}{N(N-1)} \tag{6.3}$$

式中，D 表示网络密度，N 表示京津冀所有城市的数目，L 表示城市之间存在关联的城市数目。

2. **度数中心度**

度数中心度表示某节点在其邻近节点中处于中心的程度，利用该值体现某城市与其他城市的关联程度。度数中心度越大，该城市与其他城市的关联性越强，在各城市相互关联形成的网络中的重要程度越高。其计算方法见下式：

$$PC = \left(\sum_{j=1}^{n} x_{ij} + \sum_{j=1}^{n} x_{ji}\right) / 2(n-1) \tag{6.4}$$

式中，PC 表示度数中心度，i、j 表示城市，且 $i \neq j$，x_{ij} 表示城市 i 对城市 j 的高质量发展空间关联强度，n 表示京津冀所有城市的数目。

3. **中介中心度**

中介中心度体现了某节点对其相连节点的影响程度。可以用来表示某城市对京津冀其他城市的影响控制能力，中介中心度的值越小，该城市对其他城市的影响控制能力越弱。其计算方法见下式：

$$IC = \frac{2\sum_{j}^{n}\sum_{k}^{n} g_{jk}(i)/g_{jk}}{3n^2 - 3n + 2} \tag{6.5}$$

式中，IC 表示中介中心度，g_{jk} 表示城市 i 与城市 j 之间最短相连路径的数目，其中，$k \neq j \neq i$，且 $j < k$。

6.1.3 全局 Moran's I 空间自相关分析

全局 Moran's I 是用来判断整体空间内各个要素的聚集关系，即空间自相关模式。公式如下：

$$I = \frac{\sum_{i=1}^{n}\sum_{j=1}^{n}w_{ij}(x_i - \bar{x})(x_j - \bar{x})}{S^2 \sum_{i=1}^{n}\sum_{j\neq 1}^{n}w_{ij}} \quad (6.6)$$

式中，x_i 表示空间第 i 个要素的值，$\bar{x}$ 表示空间内要素的均值，S^2 表示要素的方差，w_{ij} 表示要素 i 和要素 j 的空间权重向量。I 的取值范围为 $-1 \leqslant I \leqslant 1$，当 $I > 0$ 时，表示发展相似的要素在空间上更易产生聚集，即更可能发生高高聚集或低低聚集，当 $I < 0$ 时，表示发展相反的要素在空间上更易产生聚集，即更可能发生高低聚集或低高聚集，当 $I = 0$ 时，表明要素在空间上不存在自相关关系。

6.1.4 局部 Moran'sI 空间自相关分析

局部 Moran's I 是用来判断局部空间的各个要素的聚集关系，即局部的空间自相关模式。公式如下：

$$I = \frac{(x_i - \bar{x})}{S^2} \sum w_{ij}(x_j - \bar{x}) \quad (6.7)$$

式中：w_{ij} 表示要素 i 和要素 j 的空间权重向量，x_i 表示空间第 i 个要素的值，S^2 表示要素的方差，$\bar{x}$ 表示空间内要素的均值。$I > 0$ 时，说明更可能发生高高聚集或低低聚集，$I < 0$ 时，说明更可能发生高低聚集或低高聚集。在计算过程中会得到 Z 值，Z 值可以对 LISA 统计量进行假设检验，公式如下：

$$Z = \frac{I - E(I)}{\sqrt{V(I)}} \quad (6.8)$$

式中，$E(I)$ 表示均值，$V(I)$ 表示方差。

LISA 散点图对空间自相关情况有更加直观的表示，见图 6-1：

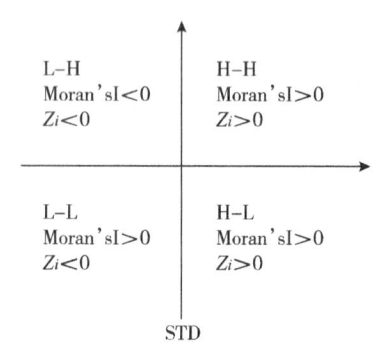

L-H Moran'sI<0 Z_i<0	H-H Moran'sI>0 Z_i>0
L-L Moran'sI>0 Z_i<0	H-L Moran'sI>0 Z_i>0

STD

图 6-1 LISA 散点图

6.2 京津冀城市高质量发展空间关联变化分析

6.2.1 城市群高质量发展空间关联的总体时空格局

基于京津冀城市群高质量发展数据，利用修正引力模型计算得到城市间联系强度，以城市群中各城市为节点，城市间联系强度为连边，利用 gephi 软件画出联系强度网络图，见图 6-2。

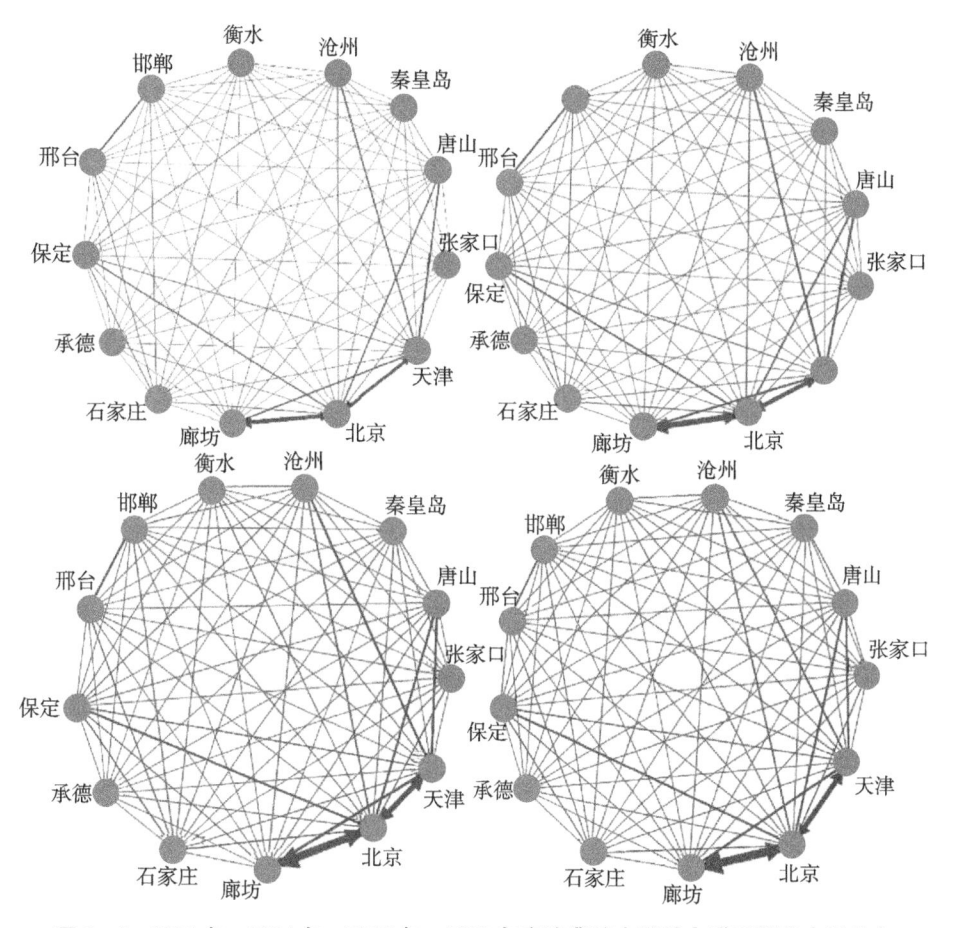

图 6-2 2011 年、2014 年、2017 年、2020 年京津冀城市群城市联系强度空间分布

通过对城市群两两城市间的联系强度进行计算，对京津冀城市群高质量发展的引力强度进行时空格局城市间分析。由图 6-2 和表 6-1 可知，京津

冀城市群高质量发展的联系强度差异较大。2011年京津冀城市群两两城市间的联系强度较低,城市间的高质量发展空间关联较小。联系强度较强的城市对多为与北京、天津距离较近的城市,北京市—天津市、北京市—廊坊市的联系强度较大,联系强度位于前十名的城市中,北京市、天津市、廊坊市、唐山占有较大比重。邯郸与邢台的城市距离较近,经济联系较为紧密,在联系强度前十名的城市对中占有一席之地。2014年京津冀城市群的联系强度较2011年有所增加,由前十名城市间联系强度的增加可知,城市之间的联系更加紧密,城市间相互引力增强。天津市与邢台市间的联系强度提高至第九名,说明天津市与周边城市的高质量发展的联系引力增加,天津市对于周边城市的带动范围有了增加,邢台市与邯郸市的绝对引力强度值有了增加,但相对引力强度值低于2011年。城市群高质量发展关联网络主要以北京市与天津市为核心。2017年京津冀城市群的城市间联系强度增强,北京市与保定市的联系强度增强,上升至第八名,说明北京市对于周边城市的辐射带动能力增强,辐射范围扩大,但对于边缘城市的辐射能力较小,联系强度受距离影响较大。邯郸市与邢台市的联系强度下降,跌出前十名的行列,表明北京市与天津市对于周边城市的带动作用高于边缘城市的相互引力值的增加。2020年北京市与唐山市的联系强度提升较大,天津市的辐射带动能力低于北京市,以北京市、天津市为核心的城市群网络作用提升,但核心城市对于边缘地域的带动作用较小。除此之外,石家庄市作为河北省省会,与其他城市的联系强度较小,没有进入城市群城市间联系强度前列,说明在京津冀城市群高质量发展网络中的作用较小,没有发挥省会城市对周边城市的带动能力。同时,城市群高质量发展网络注意"边缘区陷阱"的出现,从而导致城市群的整体联系强度降低。

表6-1 2011年、2014年、2017年、2020年京津冀城市群城市联系强度前十名

排名	2011 城市对	联系强度	2014 城市对	联系强度	2017 城市对	联系强度	2020 城市对	联系强度
1	北京 廊坊	436.47	北京 廊坊	594.06	北京 廊坊	894.47	北京 廊坊	1360.71
2	廊坊 北京	363.78	廊坊 北京	500.16	廊坊 北京	724.32	廊坊 北京	1061.36
3	北京 天津	307.33	北京 天津	416.77	北京 天津	582.68	北京 天津	771.93

续表

排名	2011 城市对	2011 联系强度	2014 城市对	2014 联系强度	2017 城市对	2017 联系强度	2020 城市对	2020 联系强度
4	天津 北京	290.38	天津 北京	405.57	天津 北京	518.80	天津 北京	682.99
5	天津 廊坊	134.96	天津 廊坊	192.21	天津 廊坊	245.56	天津 廊坊	266.22
6	邯郸 邢台	134.59	天津 唐山	174.55	廊坊 天津	223.33	北京 保定	265.74
7	天津 唐山	132.75	廊坊 天津	166.30	天津 唐山	195.53	廊坊 天津	234.69
8	唐山 天津	124.71	唐山 天津	159.57	北京 保定	189.13	北京 唐山	232.68
9	邢台 邯郸	122.71	天津 沧州	153.38	唐山 天津	184.63	保定 北京	192.05
10	廊坊 天津	119.05	邯郸 邢台	144.08	天津 沧州	181.63	天津 唐山	190.97

对京津冀城市群的空间格局进行分析，城市群城市间的关联值差异较大，空间关联的均衡性较差。城市间联系强度较大的城市对主要是北京市和天津市的周边城市，与城市群其他城市的联系强度较弱。2011年，城市群引力值较大的城市集中于北京市与天津市的周边城市，且北京市与天津市的辐射范围大多数在城市群的东北区域。邯郸市与邢台市因距离较近及经济往来较多，联系强度值较大。城市群的空间联系网络初具雏形。2014年北京市与天津市的辐射能力增强，与周边城市的联系强度增加，辐射范围向东南方区域扩展，城市群空间联系网络的范围扩大。2017年，北京市与周边城市的联系强度增加，核心城市带动周边城市发展，带动南部区域发展，城市群联系网络范围基于核心城市进一步扩展。2020年城市群联系强度进一步增加，城市群空间联系网络的稳固性增加，京津冀城市群高质量发展水平进一步提高，城市群空间联系强度进一步增加。

6.2.2 城市群高质量发展空间关联的联系强度分析

根据公式（6.2）对城市群中城市的对外联系强度进行计算，得到以下结果（见表 6-2）。

表 6-2　2011 年、2014 年、2017 年、2020 年京津冀城市群城市对外联系强度

对外联系强度	2011	2014	2017	2020
北京	1146.39	1523.45	2176.04	3080.01
天津	789.78	1082.41	1325.96	1487.64
石家庄	229.19	285.29	355.59	349.34
唐山	301.88	378.20	449.294	488.41
秦皇岛	40.00	49.46	62.69	66.08
邯郸	218.20	239.3	283.03	281.79
邢台	191.82	219.24	277.85	262.42
保定	248.32	335.64	396.45	443.17
张家口	45.80	58.78	71.63	80.35
承德	41.30	52.45	59.37	62.18
沧州	240.75	310.51	390.90	389.12
廊坊	544.98	748.14	1055.01	1411.62
衡水	75.30	93.98	133.60	128.09

由表 6-2 和图 6-3 可知，对外联系强度强的城市对周边地区的影响力也较强，更能够带动周边城市的发展。北京市和天津市作为京津冀城市群的核心城市，对外联系强度较强，且随着距离的增加，对外联系强度递减。2011 年北京市和天津市对外联系强度和占总联系强度的 47%，2020 年上升到 54%，可见，北京市和天津市带动周边区域发展的效果显著。同时，廊坊作为受到北京市和天津市带动作用最强的城市，对外联系强度也仅次于北京市与天津市，居于第三位，对城市群空间联系网络的发展也起了较大作用。同时，石家庄市位于京津冀城市群西南方向，作为河北省省会，虽对外联系强度低于在北京市和天津市，仍对周边城市的高质量发展起到正面带动作用。

6.2.3　城市群高质量发展空间关联网络特征分析

1. 城市群高质量发展空间关联的整体网络密度

以京津冀各城市为节点，城市间联系强度为连边，利用 UCINET 软件对京津冀城市群整体空间联系网络特征进行计算分析，对于整体网络特征，通

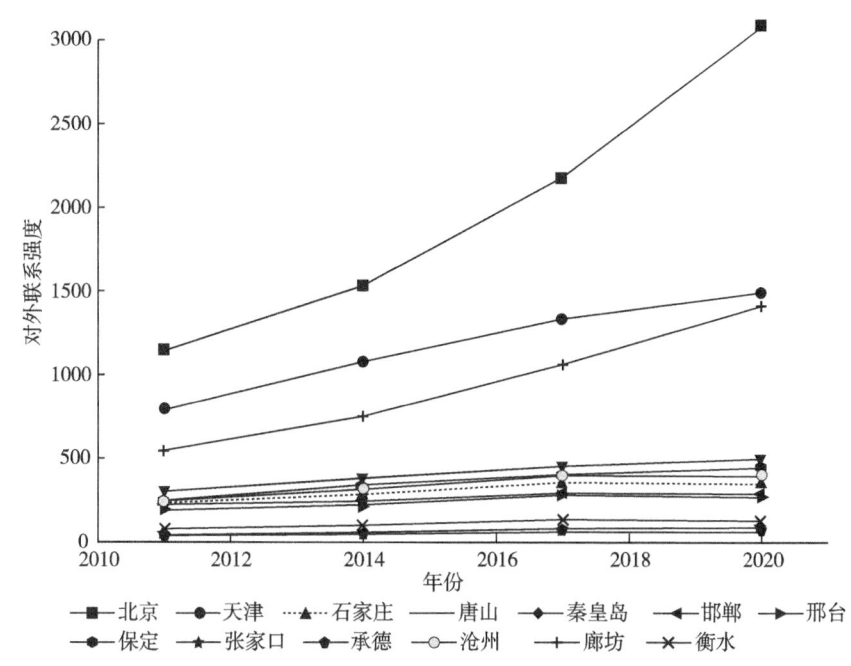

图 6-3　2011 年、2014 年、2017 年、2020 年京津冀城市群城市对外联系强度图

过网络密度指标对其解释说明，网络密度越小，城市间的网络联系越松散（见表 6-3）。

表 6-3　2011、2014、2017、2020 年京津冀城市群城市网络密度

年份	2011	2014	2017	2020
网络密度	0.52	0.55	0.54	0.5

由表 6-3 可知，京津冀城市群空间联系网络密度整体的发展趋势为先上升后下降。2011 年，京津冀城市群空间联系网络密度为 0.52，2014 年，网络密度增长到 0.55，较 2011 年有一定幅度的增加，京津冀城市群城市间的关系密切度增加，2014—2020 年的网络密度下降，京津冀城市群城市间城市的密切度降低。整体来看，京津冀城市群城市间的联系普遍存在，但城市群整体的联系紧密度仍有较大潜力，京津冀城市群应进一步加强各城市之间的联系强度。

2. 城市群高质量发展空间关联的个体网络特征

基于整体网络的特征，对各城市在京津冀高质量发展空间关联网络中地位进行分析，主要包括度数中心数和中介中心数两个角度。

（1）度数中心数。分为出度值和入度值两个方面，出度值主要表示该城市对其他城市的影响能力，入度值表示受其他城市影响程度（见表6-4）。

表6-4 2011年、2014年、2017年、2020年京津冀城市群城市度数中心数分析

年份	2011		2014		2017		2020	
城市	出度	入度	出度	入度	出度	入度	出度	入度
北京	12	12	12	12	12	12	12	12
天津	11	9	12	11	12	9	11	9
保定	9	9	9	9	9	9	8	8
石家庄	8	8	9	9	8	8	8	8
唐山	8	8	8	8	7	7	7	7
沧州	7	7	7	7	7	7	7	7
邯郸	6	5	6	5	5	6	5	5
衡水	5	6	5	6	7	6	5	5
廊坊	5	5	6	5	6	6	6	6
邢台	4	4	4	5	5	6	3	3
秦皇岛	3	3	3	3	3	3	3	3
承德	2	3	2	3	2	3	2	3
张家口	1	2	2	2	1	2	1	2

利用UCINET软件对度数中心数进行计算，得到2011年、2014年、2017年、2020年的点中心度。由表6-4可得，在研究期间，京津冀城市群各个城市的出度和入度数量的变化不大，城市间的中心度值有较大差异。整体来看，北京市和天津市的出度和入度一直保持在前两名，说明北京市和天津市与京津冀城市群其他城市的联系较为紧密，北京市作为首都，天津市作为与首都距离最短的直辖市，优越的地理位置以及较高的行政等级，使其在自身的高质量发展以及对其他城市的带动作用中起到了重要作用。北京市在研究期间的入度和出度均为12，与其他城市的联系强度较大，对其他城市的高质量发展起到了正向的辐射带动作用，同时，也说明北京市对其他城市的度外辐射能力和对内的吸收能力较为均衡。河北省出度和入度较高的城市为保定、石家庄、唐山、沧州，以上城市与超过半数的京津冀城市有联系，石家庄作为省会城市，具有较多的资源，由于自身质量的限制，对周边城市的辐射带动作用有限，并未与北京市发展为城市群联系网络的双核心。邢台市、承德市、

张家口市的入度值大多数高于出度值，说明张家口等市受其他城市的吸收能力大于对其他城市的辐射能力，对其他城市的带动作用较低，这些城市基本处于城市群的边缘地区，主要原因是城市自身质量较低以及与其他城市距离较远。

2011年，北京市、天津市的出度值和入度值均处于前列，保定市、石家庄市、唐山市、沧州市的中心度处于中上位置，说明以上城市与其他城市的联系强度较强。2014年，廊坊市、承德市的出度值较2011年有了增加，天津市、邢台市的入度值有了提升。2017年，石家庄市、唐山市的入度值和出度值较2011年均有小幅度的降低，邯郸市的出度值降低，入度值增加。2020年，保定市、衡水市、邢台市的出度值和入度值均有降低。由此可知，出度值较低的城市入度值通常也较小，且中心度值较小的城市大多处于城市群边缘位置，说明城市间关联程度的强弱受距离影响较大。

（2）中介中心度分析。通过对中介中心性的计算分析京津冀城市群城市在整个空间联系网络的桥梁作用。在京津冀城市群空间联系网络中，一个城市的桥梁作用越强，则该城市的中介中心度越高（见表6-5）。

表6-5 2011年、2014年、2017年、2020年京津冀城市群城市中介中心度分析

城市	2011年	2014年	2017年	2020年
北京	30.24	21.59	29.56	33.43
天津	10.99	18.18	12.30	11.59
唐山	5.86	4.55	4.42	4.42
保定	4.99	3.79	3.93	2.63
石家庄	3.04	3.79	2.11	4.72
沧州	0.99	0.61	0.99	0.99
邯郸	0.57	0.38	0.15	1.01
衡水	0.15	0.15	0.64	0
张家口	0	0	0	0
承德	0	0	0	0
秦皇岛	0	0	0	0
廊坊	0	0	0.303	0.303
邢台	0	0	0.152	0

由表 6-5 可知，在整个研究期内，北京市和天津市的中介中心度明显高于河北省各个城市，说明两地在京津冀城市群空间网络中对其他城市的控制程度较强，在网络中起到桥梁作用，其他城市的中介中心度较小，说明这些城市对整个城市群的控制程度较低。2011—2020 年，北京市、天津市、石家庄市、廊坊市、邢台市的中介中心度整体呈上升趋势，说明这些城市在京津冀城市群高质量发展联系网络中的中介和桥梁作用增强。张家口市、承德市、秦皇岛市的中介中心度一直为 0，说明这些城市在京津冀城市群高质量发展联系网络中并未起到中介作用，且地理位置处于京津冀城市群的边缘，受地理位置的掣肘，对其他城市的联系往来起到的中介作用有限。整个城市群中城市的中介中心度存在较大差异，网络整体的均衡性较差。京津冀城市群空间联系网络的联系中，核心城市起到关联的桥梁作用，同时，核心城市也对城市群高质量发展空间联系的协同发展起到了重要的推动作用。

3. 城市群高质量发展空间关联的群体结构演化

城市子群分析可以了解城市群城市的分类情况。本文利用 UCINET 软件中的 CONCOR 算法，对京津冀城市群高质量发展进行聚类分析，分析城市群城市协同发展的聚集结果（见表 6-6）。

表 6-6　2011 年、2014 年、2017 年、2020 年京津冀城市群子群划分

年份	子群 1	子群 2	子群 3	子群 4
2011	北京	保定、石家庄、邢台、邯郸、衡水	沧州、天津、唐山	张家口、秦皇岛、廊坊、承德
2014	北京、天津	张家口、唐山、秦皇岛、承德	廊坊、保定、石家庄、沧州	邢台、邯郸、衡水
2017	北京	秦皇岛、张家口、唐山、廊坊、承德	天津、沧州	石家庄、邢台、保定、邯郸、衡水
2020	北京	秦皇岛、张家口、唐山、廊坊、承德	保定、衡水、沧州	石家庄、邯郸、邢台

由表 6-6 所示，总体来看，城市子群的稳定性较差，除第一子群外，其他子群的内部城市有一定变化。各个子群包括的城市均是距离较近的城市，说明距离较近的城市越有可能有关系往来，从而促使凝聚子群的产生。第一子群的城市在 2014 年增加天津市，其他年份均只有北京市，说明北京市是京津冀城市群的核心地区；第二子群在 2011 年主要是京津冀城市群的北部区域，2014—2020 年主要是城市群的南部区域；第三子群主要是城市群的中南

部区域；第四子群的城市所在位置与第二子群相反，2011 年为南部区域城市，2014—2020 为北部区域城市。

6.2.4　京津冀城市群高质量发展空间分布格局

1. 全局 Moran's I 空间自相关分析

为了更加细致地分析京津冀城市群高质量发展聚集情况，本文通过 GeoDa 软件计算京津冀城市群高质量发展协同度全局莫兰指数，并对全局莫兰指数的显著性状况进行分析。

本书利用 GeoDa 软件的邻接矩阵 Moran 散点图，对 2011 年、2014 年、2017 年、2020 年的城市群内城市的协同发展聚集特征进行分析。见图 6-4，图中一、二、三、四象限分别代表高高聚集区（HH）、低高聚集区（LH）、低低聚集区（LL）、高低聚集区（HL）。由图 6-4 可知，京津冀城市群的全局 Moran's I 较小，全局空间相关性较不明显；2011 年京津冀城市群的全局 Moran's I 指数小于 0，说明城市群中属性不同的城市聚集在一起，且指数的绝对值较小，说明城市群存在空间自相关性的城市较少，城市群的聚集程度较低，协同发展的程度较低。2014 年京津冀城市群的全局 Moran's I 指数大于 0，属性相同的城市聚集在一起的可能性更高，指数绝对值较 2011 年降低，说明京津冀城市群各城市之间的空间自相关程度减弱，城市群的协同发展水平降低。2017 年京津冀城市群的全局 Moran's I 指数小于 0，且指数绝对值降低，城市群空间的分散程度增加。2020 年京津冀城市群的全局 Moran's I 指数大于 0，指数绝对值低于 2017 年。总体来看，京津冀城市群的全局 Moran's I 指数的绝对值呈逐年降低的趋势，说明城市群整体空间自相关程度降低，城市群中城市聚集情况下降，城市群协同发展程度呈降低趋势，城市群的聚集性呈波动趋势，说明城市的协同高质量发展程度的趋势不稳定。

2. 局部 Moran's I 空间自相关分析

通过全局 Moran's I 空间自相关验证相关关系后，需采用局部 Moran's I 空间自相关识别各城市的聚集状况。

运用 GeoDa 软件计算京津冀城市群高质量发展水平局部 Moran's I，采用 LISA 统计量进行表述，2011 年、2014 年、2017 年、2020 年四个样本年份 LISA 聚类为：2011 年，承德市处于低高聚集区，石家庄市处于高低聚集区，其他城市均无空间自相关，承德市距离北京市较近，承德市的协同高质量发展水平低于北京等周边城市，石家庄市作为河北省省会，协同高质量发展水平

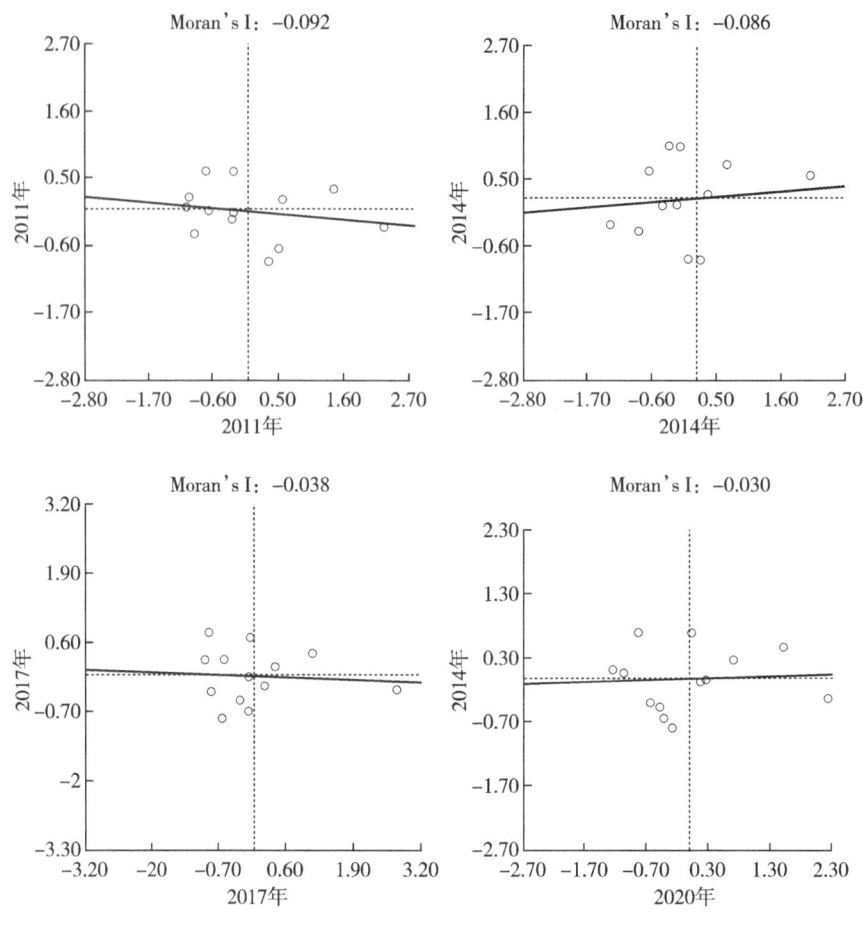

图 6-4　京津冀城市群高质量发展全局 Moran's I 指数散点图

高于周边城市，应提升对周边城市协同高质量发展的辐射带动作用；2014 年，天津市为高高聚集区，承德市和廊坊市为低高聚集区，石家庄市仍为低高聚集区，高高聚集区较 2011 年有了增加，说明天津市及周边区域的协同高质量发展水平均有提高，间接影响低高聚集区中廊坊市的增加。2014 年高高聚集区和低低聚集区的城市与 2014 年相同，处于高低聚集区的城市减少，说明石家庄市与周围城市的协同高质量发展依赖性较低。2020 年，高高聚集区的城市为天津市和廊坊市，低高聚集区的城市为承德市，低低聚集区的城市为石家庄市；高高聚集区的城市增加了承德市，说明承德市的协同高质量发展水平在周边城市的带动下有了较大程度的提高，石家庄市由高低聚集区向低低聚集区转变，说明石家庄市的协同高质量发展水平降低，应重视对石家庄市以及周边城市的协同高质量发展水平的提高。总体来看，聚集区内城市的变化各有不同，高高聚集区增加了中部核心区的城市，低高聚集区城市变化不大，高低聚集区城市数量减少，低低聚集区城市数量增加。说明各个城市的协同高质量发展的辐射带动作用较低，北京市和石家庄市应增强带动作用，提高城市群内城市的协同高质量发展水平，提升城市间依赖性和空间自相关性。

6.3 本章小结

本章对京津冀城市高质量发展各城市间的联系强度以及网络联系特性进行分析。首先，利用修正引力模型，计算对京津冀两两城市间联系强度，分析联系强度的时空演化。其次，利用社会网络分析法在整体网络、个体网络以及子群变化三个方面综合分析京津冀城市高质量发展的空间关联特性。最后，利用莫兰指数分析高质量发展的全局自相关模式和局部自相关模式，得到城市群整体的空间联系紧密度趋势为先增加后减少。北京和天津作为城市群的核心城市，对距离较近城市带动效果更强，城市群空间聚集的城市较少，发展水平较高的城市应提升对周边城市的带动作用。

第 7 章 京津冀协同发展相关专题研究

围绕京津冀协同发展，作者及所在研究团队分别从资源环境约束、生态文明建设、县域经济发展、主导产业选择、破坏性创新等视角进行了一系列卓有成效的研究，并取得了丰硕成果。在本章对相关研究成果进行梳理，以丰富对京津冀协同发展的理论研究和实践指导。

7.1 资源环境约束下京津冀协同高质量发展研究

7.1.1 协同高质量发展现状

2014 年，习近平总书记强调：实现京津冀协同发展是一个重大国家战略，要加快走出一条科学持续的协同发展路子。2014 年以来，在党中央的正确领导下，京津冀协同发展在体制机制共建、一体化交通、产业转移、生态环境协同治理、共建共享公共服务等方面取得重大阶段性效果。"十四五"是京津冀协同发展的关键五年，也是我国全面建设社会主义现代化强国的第一个五年，京津冀协同发展将面临新的形势和新的问题，三地要继续坚持党的正确领导，巩固来之不易的成果，同时持续推动协同高质量发展，以期在重大领域取得新的突破。

党的十九大报告指出，我国经济已由高速增长阶段转向高质量发展阶段。高质量发展是我国经济进入转型期后对经济发展目标的新要求。国外没有相应研究，只有关于经济发展质量的相关研究。国内学者从狭义和广义两个角度研究高质量发展，狭义角度强调生产效率的提升。广义经济发展质量方面，刘树成（2007）从经济增长趋势、模式、内部结构、效益等经济增长的特性角度定义经济发展质量。冷崇总（2008）和许永兵（2013）从经济发展是否充分、有效、协调、持续、稳定、全面、分享和创新等方面定义经济发展质量。李永友（2008）从经济增长、社会公平、生态改善三个维度来研究经济发展质量。原青青（2019）对北京高质量发展问题进行系统研究，指出经济增长是高质量发展的前提，创新驱动、结构优化、效率提升是不同层面的实现路径，人民幸福是高质量发展的落脚点。对高质量发展的研究方法主要分为两类：全要素生产率法和综合评价法，而综合评价法具有更强的可行性和全面性。

以上关于高质量发展的研究存在一些不足，高质量发展的内涵应具有地域性、时代性和系统性。高质量发展应基于特定区域的资源环境状况制定相应的发展模式，高质量发展的内涵应随着时代的发展、国内外环境变化和国家战略方针的调整进行相应的改变，同时高质量发展内涵应涵盖经济、社会和自然三个维度，体现习近平总书记提出的"创新、协调、绿色、开放、共享"发展理念。综上所述，本文基于京津冀区域资源环境约束，以京津冀区域13个城市为研究单元，从京津冀协同、高质量发展两个维度，对2010—2018年期间的京津冀城市协同高质量发展水平进行综合评价和对比分析；进一步采用探索性空间数据分析方法，对京津冀城市协同高质量发展水平的时空特征和演变趋势进行研究，分析其发展演变过程中与空间背景之间的内在关联性与依赖性，力图从新的解释视角为京津冀协同高质量发展提供理论支撑。

7.1.2 资源环境约束下京津冀高质量发展评价

2019年京津冀三地地区生产总值合计8.45万亿元。京津冀区域以约2%的土地面积创造了8.5%的地区生产总值。2019年京津冀区域土地面积21.8万平方千米，人口1.13亿人，人均土地面积约占全国人均土地面积的28.70%。京津冀地区水资源总量仅占全国的0.5%，2019年，北京的人均水资源量为114.2立方米，天津人均水资源量为51.9立方米，河北为149.9立方米，分别约为全国的5.49%、2.49%、7.21%，水资源匮乏现象比较突出。2019年，京津冀区域二氧化硫、氮氧化物和烟（粉）尘每平方千米排放量分别为5.57吨、6.66吨和9.23吨，而全国相应数据为1.14吨、1.44吨和1.05吨。由此可见，京津冀区域生态安全体系极为薄弱，资源约束日益趋紧，环境承载能力逼近上限。"十九大"报告提出的高质量发展为京津冀区域经济社会和资源环境协调可持续发展指明了方向。

1. 京津冀高质量发展评价指标体系构建

新发展理念为高质量发展规定了方向和原则，绿色是前提，创新是动力，协调和效率是内生特点,开放是必由之路,共享是根本目标。就京津冀区域,尤其要强调创新的推动作用,而绿色则是创新的方向和要求。据此,本文构建了京津冀高质量发展理论框架(见图7-1)和京津冀高质量发展评价指标体系(见表7-1)。

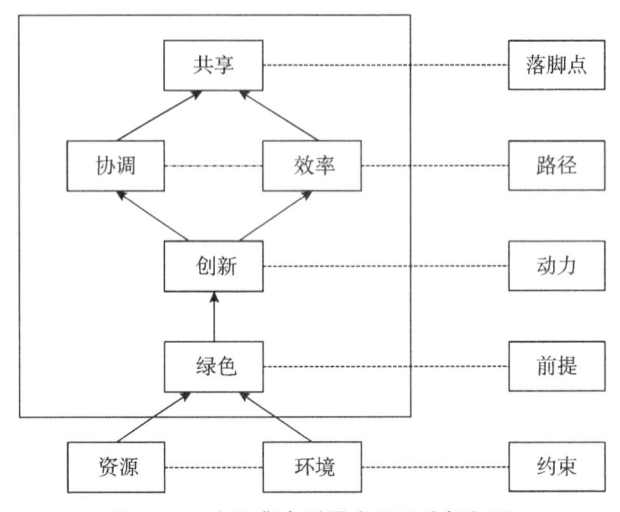

图7-1 京津冀高质量发展理论框架图

表7-1 京津冀高质量发展评价指标体系

总体层	准则层	指标层
京津冀高质量发展评价指标体系	绿色 (0.1978)	空气质量优良天数占比(%)(0.0763) 环境治理投资占GDP比重(%)(0.0636) 建成区绿化覆盖率(%)(0.0578)
	创新 (0.3077)	R&D经费投入强度(%)(0.0577) R&D人员全时当量(人年)(0.0577) 每万人发明专利申请量(项)(0.0721) 进出口总额占GDP比重(%)(0.1201)
	协调 (0.1538)	第三产业产值占比(%)(0.0557) 居民消费水平指数(1978年=100)(0.0465) 农村城市人均可支配收入比(0.0516)
	效率 (0.1209)	劳动生产率(元/人)(0.0259) 地均生产率(万元/平方千米)(0.0235) 资产贡献率(%)(0.0214) 能源利用效率(万元/吨标准煤)(0.0238) 水资源利用效率(万元/吨)(0.0264)

续表

总体层	准则层	指标层
京津冀高质量发展评价指标体系	共享（0.2198）	城镇登记失业率（%）（0.0520） 每万人拥有卫生机构床位数（张）（0.0434） 每百人普通中学生拥有专任教师数（人）（0.0434） 每百人拥有公共图书馆藏书量（册）（0.0361） 城镇居民人均可支配收入（元）（0.0451）

2. 数据来源、处理及评价结果

本文以京津冀城市为研究单元，包括北京、天津和河北省的11个地级市，研究时间范围为2010—2018年，所需数据源于《中国城市统计年鉴》《中国环境年鉴》《中国水资源公报》等。表7-1中准则层权重采用专家意见法，强调京津冀的资源环境约束，突出环境效益，表7-1中指标层权重的确定采用变异系数法，指标层数据的标准化采用庞皓和杨作廪（2003）改进的功效系数法，将指标数据标准化为40~100范围内。2018年京津冀高质量发展评价结果见表7-2。

表7-2　2018京津冀城市高质量发展水平表

城市	绿色	创新	协调	效率	共享	发展水平
北京	80.29	100.00	89.51	86.88	100.00	93.28
天津	53.41	62.28	49.78	75.45	59.30	59.54
石家庄	46.02	43.60	67.39	56.82	50.47	50.85
唐山	60.67	42.09	57.05	55.99	57.70	53.18
秦皇岛	84.29	41.31	70.24	53.30	57.30	59.23
邯郸	51.69	41.14	59.10	47.47	43.08	47.18
邢台	49.35	41.28	60.40	56.14	43.52	48.11
保定	51.30	42.04	57.18	56.40	41.49	47.81
张家口	84.71	40.52	83.61	44.37	49.29	58.28
承德	87.58	40.47	80.00	51.23	44.44	58.04
沧州	52.51	41.42	72.12	61.25	49.47	52.50
廊坊	77.77	41.85	76.93	71.05	59.44	61.75
衡水	57.34	40.95	65.17	51.76	43.57	49.80
均值	65.87	68.32	69.13	72.46	69.49	68.72

表7-2显示了京津冀区域城市2018年高质量发展状况，得分为40~100，均值为68.72。采用SPSS软件进行聚类分析显示，将13个城市分为3

类较为合理。第 1 类只有北京一个城市，得分为 93.28；第 2 类包括廊坊、天津、秦皇岛、张家口和承德 5 个城市，均值为 59.37，极差为 3.71；第 3 类包括唐山、沧州、石家庄、衡水、邢台、保定和邯郸 7 个城市，均值为 49.92，极差 6.00。除北京外，京津冀其他 12 个城市整体发展质量较低。

从京津冀城市高质量发展分维度看，2010—2018 年京津冀 13 个城市在绿色方面整体表现较好，均值为 67.00，其次是协调维度（均值 64.92）和效率维度（均值 57.70），京津冀城市在这三个维度的均值均高于整体发展质量均值（57.01），而共享和创新维度均值则低于平均值，分别为 55.14 和 47.69。创新不足的主要原因在于河北省的 11 个城市创新严重不足（均值较为 41.48），拉低了整体水平。京津冀城市高质量发展虽然有了绿色作为底色，但仍然要强调和重视创新的推动作用。

7.1.3 京津冀高质量发展空间集聚特征分析

为进一步探索京津冀城市高质量发展的空间分异特征，采用全局 Moran's I 指数和 LISA 集聚的方法分析其空间变化特征，Moran's I 指数采用边界相邻原则（Contiguity Edges only）将空间关系概念化，并进行 ROW 标准化。结果显示，京津冀城市高质量发展水平存在显著的空间自相关关系，集聚趋同性显著，但分维度指数均未通过显著性检验。

文章报告了 2010 年、2014 年和 2018 年的 LISA 集聚，京津冀城市高质量发展水平的空间特征表现为"南北分异""北好南差"的空间格局比较分明。

（1）2018 年京津冀北部包括北京、天津和承德三个城市的高质量发展水平 LISA 分布呈现高高集聚特征，承德市在京津两个直辖市的辐射带动下实现高质量协同发展，在 2017 年之前京津冀城市高质量发展并未形成显著的高高集聚、协同发展子群。而低低集聚经历了以石家庄市和衡水市为核心向以石家庄市、衡水市和邢台市为核心的转变过程，反映出京津冀北部城市在实现高质量发展的同时，南部城市并未向好发展，且低质量发展有扩散趋势，创新不足和效率低下是京津冀南部城市实现高质量发展的短板。如在研究期间邢台市和衡水市创新发展指数均值仅为 40.98 和 40.92，效率发展指数为 46.06 和 47.99。

（2）不存在高低集聚、低高集聚的城市。

（3）京津冀城市分维度高质量发展 Moran's I 指数均未通过显著性检验。

总体而言，京津冀城市高质量发展水平仍然不均衡，南部与北部相比仍然存在较大差距，冀南地区城市高质量发展水平的提升任重道远。

7.1.4 京津冀协同高质量发展分析

本文在对京津冀城市高质量发展进行综合评价的基础上，进一步进行协同发展评价。以京津冀三地为研究单元，将河北省11个城市高质量发展的均值作为河北省高质量发展水平，与北京、天津一起，采用廖重斌提出的模型，对2010—2018年京津冀协同高质量发展水平进行评价。

$$C = \left\{ \frac{f(x) \times g(y) \times h(z)}{\left[\frac{f(x) + g(y) + h(z)}{3}\right]} \right\}^k \tag{7.1}$$

$$T = \alpha f(x) + \beta g(y) + \gamma h(z) \tag{7.2}$$

$$D = \sqrt{C \times T} \tag{7.3}$$

上式中，T 为京津冀高质量发展综合评价结果，C 为系统耦合系数，D 为协同发展度。评价结果见表7-3。

表7-3 京津冀协同高质量发展水平表

年度	绿色协同	创新协同	协调协同	效率协同	共享协同	协同高质量
2010	0.81	0.67	0.80	0.79	0.75	0.77
2011	0.83	0.64	0.80	0.84	0.75	0.77
2012	0.85	0.80	0.80	0.78	0.74	0.78
2013	0.85	0.68	0.82	0.77	0.73	0.78
2014	0.74	0.68	0.80	0.79	0.74	0.76
2015	0.78	0.69	0.81	0.78	0.74	0.77
2016	0.78	0.70	0.82	0.78	0.80	0.79
2017	0.77	0.68	0.75	0.79	0.74	0.77
2018	0.77	0.68	0.76	0.81	0.72	0.76
均值	0.80	0.69	0.80	0.79	0.75	0.77

D 的取值范围为0~1，按照 D 的取值一般划分为3类：失调衰退类（$0.00 \leq D < 0.40$）、过渡发展类（$0.40 \leq D < 0.50$）和协同发展类（$0.50 \leq D < 1.00$）。按照表7-3，近9年京津冀协同高质量发展水平为0.76~0.79，均值为0.77，表明京津冀三地处于良好的稳定的协同发展状态，京津冀协同发展战略得到很好的贯彻落实。分维度看，京津冀三地在绿色协同方面表现最佳，而在创新协同方面表现最差，其次是共享协同。

7.1.5 京津冀协同高质量发展研究论述与展望

2010—2018 年京津冀区域城市质量发展水平均值为 57.01，除北京外，津冀 12 个城市整体发展质量较低。分维度看，京津冀城市在绿色方面整体表现较好，其次是协调维度和效率维度，而共享和创新维度表现较差。创新不足的主要原因在于河北省的 11 个城市创新严重不足，拉低了整体水平。京津冀城市高质量发展虽然有了绿色作为底色，但仍然要强调和重视创新的推动作用。京津冀城市高质量发展水平存在显著的空间自相关关系，空间特征表现为"南北分异""北好南差"的空间格局依然明显，京津冀城市高质量发展水平仍然不均衡。京津冀三地处于良好稳定的协同发展状态，三地在绿色协同方面表现最佳，而在创新协同方面表现最差，其次是共享协同。

京津冀三地在做好统筹规划，协同发展的同时，"十四五"期间争取在以下领域取得新的突破：一是大力提升河北省的城市创新能力。河北省要坚持高质量发展理念，加快提升产业基础能力和产业链现代化水平，围绕产业链部署创新链、围绕创新链布局产业链，推动高质量发展。二是进一步推动京津冀协同高质量发展，京津冀区域城市高质量发展水平"北好南差"的空间格局依然明显，对河北省中部和南厢城市要采取差异化的政策和措施，发展重点是优化产业结构，提高资源的利用效率，要加快推进产业数字化，推动 IPv6、5G 等新一代通信技术在企业内网的应用，支持搭建企业级工业互联网平台。三是持续推动京津冀绿色、低碳和循环集约发展。要深化实施绿色、低碳制造工程，打造一批绿色制造典型示范，要调整优化产业布局，有效推进产业循环集约集群发展。

7.2 京津冀城市群高质量发展水平评价及空间分析

7.2.1 高质量发展研究现状

"高质量发展"是党的十九大报告提出后中国发展迈入的新征程。衡量高质量发展的标准除了经济发展外，还包括社会、政治、文化、生态等维度。李金昌（2019）等从经济活力、创新效率、绿色发展、人民生活、社会和谐五个维度，对高质量发展指标体系进行探讨。孙培蕾（2021）等利用面板回归方法探究影响高质量发展因素。杨阳（2021）等对长三角城市群高质量发展水平进行测度。黄春顺（2021）等以发展差异与空间布局为方向，分析京津冀等我国城市群发展差异。唐朝生（2017）等从空间层面对京津冀经济联系强度进行研究并提出策略。以上文献大多侧重经济层面发展质量，从空间结构和均衡发展研究涉及较少。为准确把握京津冀城市群高质量发展状况，本文首先对京津冀城市群高质量发展水平进行评价；其次引入引力模型，分析京津冀城市联系紧密程度；最后提出提高城市群发展质量建议。

7.2.2 数据与方法

（1）数据来源与处理。本文数据主要源于北京、天津、河北各市统计年鉴及《中国城市统计年鉴》，借助 Gephi、Excel 软件进行分析。

（2）修正引力模型。城市间联系强度符合空间结构，且遵循距离衰减规律，符合引力模型的使用条件。本文采用修正引力模型测算京津冀城市间联系强度，对京津冀城市群发展紧密度进行评价。

$$R_{ij} = \frac{\sqrt{N_i G_i} \times \sqrt{N_j G_j}}{D_{ij}^2} \tag{7.4}$$

$$R_i = \sum_{j=1}^{n} R_{ij} \tag{7.5}$$

式（7.4）中，R_{ij} 为城市 i 和 j 的城市联系强度；N_i 表示城市 i 的城镇人口；G_i 表示城市 i 的非农产业生产总值；D_{ij} 为城市 i 和 j 之间的实际交通里程，本文采用最短公路里程表示；式（7.5）中，R_i 为城市 i 与其他城市的联系强度之和，即对外联系强度。

7.2.3 京津冀城市群高质量发展水平评价

1. 评价指标及权重

为全面反映京津冀城市群高质量发展状况，本文基于绿色、创新、协调、效率、共享五个维度构建指标体系，运用熵值法确定各指标的权重（见表7-4）。

表7-4 城市群高质量发展评价指标体系

准则层	指标层	权重值	指标含义
绿色	空气质量优良天数	0.0711	反映环境空气质量
	$PM_{2.5}$年平均浓度	0.0671	反映环境空气质量
	建成区绿化覆盖率	0.0680	反映环境绿化水平

续表

准则层	指标层	权重值	指标含义
创新	专利申请数（件）	0.0508	反映科技创新能力
	进出口总额	0.0491	反映对外开放水平
协调	三产占比	0.0600	反映产业结构
	居民消费价格指数	0.0744	反映居民购买能力
	农村城市人均纯收入	0.0877	反映财政收入的充裕状况
效率	人均地区生产总值	0.0598	反映经济产出效率
	地均地区生产总值	0.0577	反映经济产出效率
	能源利用效率	0.0731	反映能源利用水平
共享	城镇登记失业率	0.0658	反映就业水平
	每万人拥有卫生机构床位数（张）	0.0563	反映医疗服务水平
	每百人普通中学在校学生拥有专任教师（人）	0.0539	反映教育服务水平
	每百人拥有公共图书馆藏书量（册）	0.0503	反映教育服务水平
	城镇居民人均可支配收入	0.0549	反映人民生活水平

2. 评价结果分析

运用表7-4建立的指体系及权重，对2018年京津冀城市群发展质量进行综合评价，结果由图7-2可知，2018年京津冀城市群高质量发展水平均值为60.04，处于较高水平。其中，协调（70.17）、绿色（64.28）两个维度均值在京津冀整体发展质量之上，说明京津冀城市群在这两方面发展较好。共享维度（53.65）和创新维度（47.32）低于均值，这两方面较低的主要原因是河北省的共享和创新水平较低，创新投入不足，拉低了整体水平。北京在京津冀城市群中发展质量最高，其他城市的高质量发展水平虽有差异，但较北京均有较大差距。北京要充分发挥辐射带动作用，促进京津冀城市群高质量发展。

7.2.4 京津冀城市联系特征分析

运用公式（7.4）计算两两城市间联系强度指数，结合Gephi对结果进行网络构建，由此得到京津冀城市群空间联系强度网络图（见图7-3）。

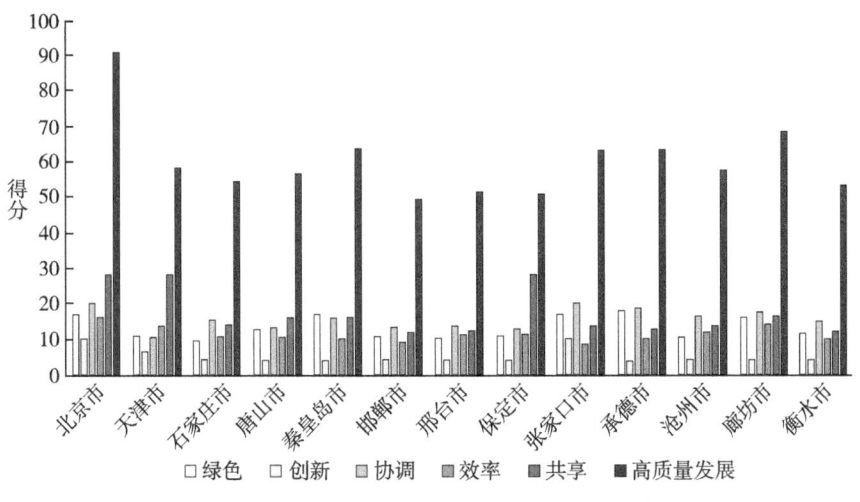

图 7-2 2018 京津冀城市高质量发展水平示意图

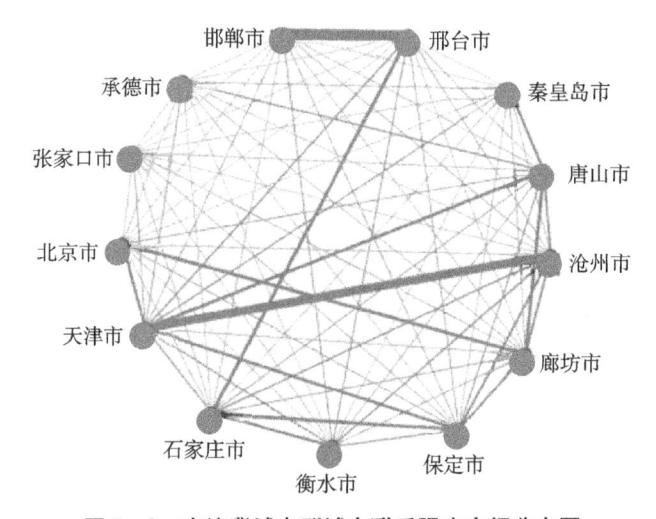

图 7-3 京津冀城市群城市联系强度空间分布图

总体来看，京津冀城市群各个城市间均有联系，但城市间联系强度有较大差距。天津居于首位，张家口居于末位。其中，天津和沧州的对外联系强度之和占总体比例的 25%，共有四个城市将天津、沧州作为其经济联系强度最大城市，天津和沧州互为彼此最大的经济体联系城市，同时也是京津冀城市群中经济联系最紧密城市。

城市联系强度值排名前 5 位的城市点对分别为邯郸市—邢台市（119702893.21）、天津市—沧州市（91423216.59）、石家庄市—邢台市

（34403271.38）、北京市—廊坊市（34300900.67）、石家庄市—保定市（32963946.41）。邯郸与邢台距离相互临近，城市联系同样较为紧密，城市联系质量最高。天津与其周边城市联系较为紧密，城市联系质量相对较好。邢台市、保定市、衡水市是石家庄市对外经济联系的主要对象。

在城市联系强度排名前5位中，北京与廊坊的联系强度位于第4名，与其他城市的联系强度较低。北京对外联系强度仅位于城市群的第10位，说明北京在京津冀城市群中未起到核心联系作用。北京在自身经济发展的同时，还需加强与周边城市的交流合作，带动整个城市群的发展。

城市联系强度值排名后5位的城市点对分别为邢台市—张家口市（781022.15）、秦皇岛市—张家口市（724736.07）、承德市—衡水市（686109.15）、秦皇岛市—衡水市（681165.31）、北京市—邯郸市（622126.51）。邢台市和承德市的经济联系质量最低，其原因既有城市本身经济发展水平不高的问题，更主要是因为邢台和承德之间的交通不便利，说明城市间交通距离越远，城市间联系强度越弱，城市联系质量越差。邢台、邯郸等处于城市群边缘的城市，与北京等城市的经济联系质量较差，该类城市在维持现有城市经济联系状况下，应积极寻求跨区域合作，跳出"边缘区陷阱"。

7.2.5 京津冀城市群高质量发展与联系研究论述

本章对京津冀城市群高质量发展水平和城市间联系强度进行研究，主要论述如下：

（1）京津冀城市群高质量发展水平不均衡。京津冀城市群中高质量水平的排序依次为北京、天津、河北。北京和天津的高质量发展中最重视创新发展，河北省城市重视绿色发展。京津冀城市群应增加协同创新力度，使绿色、创新、协调、效率、共享五个方面均衡发展。河北省城市应重视创新发展，在人才引进方面增加投入，提高科技创新能力。北京应在城市群高质量发展中发挥全方位示范和引领作用，带动京津冀城市群高质量发展。

（2）城市间密切联系是京津冀城市群高质量发展的本质要求。京津冀城市群目前处于非成熟发展阶段，需提高北京与河北省城市的联系质量和强度，提升城市间联系的密切程度和空间均衡程度，也应加强中心城市和边缘城市以及边缘城市间交流合作。同时脱离城市群限制，积极寻求跨区域合作，提高边缘城市的对外联系强度。

7.3 京津冀生态文明建设水平时空特征及演变趋势

7.3.1 生态文明建设研究现状

习近平总书记强调,京津冀协同发展是个大思路、大战略,要调整经济结构和空间结构,走出一条内涵集约发展的新路子,促进区域协调发展,形成新的增长极。京津冀三地土地面积 21.8 万平方千米,占全国总面积的 2.27%,人口 1.12 亿人,占全国总人口的 8.07%。2018 年京津冀三地地区生产总值合计 8.32 万亿元,占全国的 9.24%。京津冀区域以约 2% 的土地面积、8% 的人口,创造了 9% 的地区生产总值。京津冀区域生态安全体系较为薄弱,水土流失、荒漠化等问题严重,资源与环境约束趋紧。生态文明建设是中国特色社会主义建设的重要内容,是 21 世纪中华民族实现跨越式发展的战略选择。中国经济、社会发展的不均衡性、不充分性比较普遍,区域之间的资源、环境差异较大,中国特色的生态文明建设应立足于各区域的经济、社会发展水平和资源、环境状况,选择差异化的发展路径。相应的,京津冀三地应基于京津冀区域的实际情况,选择科学的生态文明建设道路。

国内许多学者分别对生态文明建设的内涵、特征、效率、路径等问题进行了研究,但针对生态文明如何同中国现实国情相结合,同区域的资源、环境状况相结合的研究相对较少。从中国特色生态文明建设研究的评价尺度上看,主要有城市、省域和国家三个层次,针对区域层次,尤其是关于京津冀区域的生态文明建设研究更少。崔铁宁、张聪应用生态位理论分析了京津冀 6 个城市 5 个年度的生态文明建设水平,胡悦教授等将京津冀地区作为载体,运用组合赋权方法研究其 2010—2015 年间的生态文明发展水平情况,陈润羊等通过构建生态文明指数评价指标体系,分析了"十二五"时期京津冀区域生态文明建设状况。以上研究均存在几个问题:一是京津冀生态文明建设评价指标体系中没有突出京津冀的资源环境约束,没有将生态文明建设与空间地理结合在一起;二是研究对象仅限于北京、天津和河北省(或河北省个别城市),且时间跨度较短(最长为 6 个年度);三是研究方法比较传统。

本文基于京津冀的资源环境约束,以京津冀区域 13 个城市为研究单元,分析其在 1998—2017 年期间的生态文明建设状况;进一步采用 Kernel 密度估计、探索性空间数据分析方法,对京津冀城市生态文明建设水平的时空特征和演变趋势进行研究，分析京津冀生态文明建设水平收敛过程中与空间背景之间的内在关联性与依赖性，从而为京津冀城市生态文明建设水平的动态演变提供新的解释视角及理论支持。

7.3.2　研究方法介绍

核密度估计（Kernel Density Estimation）属于密度制图，凭借其优良的统计特性，较直方图估计更加准确且平滑性好（徐现祥，2004）。设随机变量的密度函数为 $f(x)$，对于随机变量 x 有 n 个独立同分布的观测值，分别为 x_1，$x_2,\cdots,x_n$，$\bar{x}$ 为其均值，则 Kernel 密度函数的估计量为

$$f(x) = \frac{1}{nh}\sum_{i=1}^{n}K\left(\frac{x_i - x}{h}\right) \quad (7.6)$$

其中，n 为研究区域个数，h 为窗宽（bandwidth），$K(\cdot)$ 为随机核函数，是一种加权函数或平滑转换函数，包括高斯核、Epanechnikov 核、三角核（Triangular）、四次核（Quartic）等类型，通常满足：

$$\begin{cases} \lim\limits_{x\to+\infty}K(x)\cdot x = 0 \\ K(x) \geq 0 \quad \int_{-\infty}^{+\infty}K(x)\mathrm{d}x = 1 \\ \sup K(x) < +\infty \quad \int_{-\infty}^{+\infty}K^2(x)\mathrm{d}x < +\infty \end{cases} \quad (7.7)$$

带宽的选择决定了所估计密度函数的平滑程度。带宽越大，核密度估计的方差越小，密度函数曲线越平滑，但估计的偏差越大（王谦、董艳玲，2018）。因此，最佳带宽的选择必须在核估计的方差和偏差之间进行权衡，使均方误差最小。根据叶阿忠（2005）的相关研究，对应的最佳窗宽 $h = cN^{-0.2}$（c 为常数）。本文采用高斯正态分布的核密度函数，窗宽设定为 $h = 0.9SeN^{-0.2}$（即 $c = 0.9Se$，Se 是随机变量观测值的标准差）。Kernel 密度估计在 Eviews 软件内完成。

7.3.3　京津冀生态文明建设水平评价

1. 京津冀区域资源、环境状况

（1）国土资源状况。京津冀三地人均土地面积约占全国人均土地面积的 28.70%。京津冀区域人口增加、经济增长及快速城镇化，对建设用地的刚性需求大幅增加，土地供需矛盾凸显。京津冀区域面临着既要满足经济建设必

需的用地需求，又要落实耕地保护责任，同时兼顾环境保护和生态建设，土地资源日益紧张。

（2）水资源状况。京津冀区域是典型的资源性缺水地区，水是京津冀地区重要的资源约束因子。京津冀地区水资源总量仅占全国的0.63%，2018年，北京的人均水资源量为161.4立方米，天津人均水资源量为121.1立方米，河北为184.4立方米，分别约为全国的7.20%、5.40%、8.23%。水资源匮乏的现象比较突出。

（3）大气污染状况。长期以来，京津冀地区大气受煤烟型污染、沙尘污染的困扰。近年来，虽然通过努力传统型大气污染的恶化态势有所遏制，但这些历史性问题还未能得到根本解决。与此同时，以机动车尾气为主体的新型排放源导致京津冀大气污染的性质发生了根本性变化。煤烟型污染、沙尘污染与机动车尾气污染发生叠加，形成了新的复合型大气污染。其中，以$PM_{2.5}$为重要组成。2018年，京津冀区域二氧化硫、氮氧化物和烟（粉）尘每平方千米排放量分别为5.57吨、6.66吨和9.23吨，而全国相应数据为1.14吨、1.44吨和1.05吨。

2. 资源环境约束下京津冀生态文明建设水平评价指标体系构建

目前，我国生态文明建设理论与实践进入了新的历史阶段。以杨开忠教授为首席科学家的研究小组结合我国生态文明发展的特点和需求，创新性地将以空气质量水平为核心指标的环境质量指数纳入总体生态文明水平的评价。本文借鉴杨开忠教授的研究成果，在对京津冀生态文明建设水平进行评价时，基于区域资源环境约束，在兼顾生态效益的同时，突出环境效益，建立京津冀生态文明建设水平评价指标体系（见表7-5），其中自然环境污染指标有工业固体废物排放量、SO_2、烟（粉）尘排放量，废水排放总量，COD排放量综合而成。

3. 数据来源、处理及评价结果

随着京津冀协同发展上升为国家战略，区域间的空间依赖性和关联性越来越密切，但是区域内部的差距也在日益扩大。本文以京津冀城市为研究单元，包括北京、天津和河北省的11个地级市，探索京津冀城市生态文明建设的空间溢出与演变走势，并揭示河北省与京津两市的差距。本文研究时间范围为1993—2018年，所需数据源于历年《中国统计年鉴》《中国环境年鉴》《中国水资源公报》等。各指标权重确定采用专家意见法，强调京津冀的资源环境约束，突出环境效益（参见杨开忠，《2014年中国省市区生态文明水平

表7-5 京津冀生态文明建设水平评价指标体系

准则层		评价指标	指标作用
京津冀生态文明建设水平指数	生态效益	单位GDP能耗（吨标准煤/万元）R_{11} 单位GDP水耗（吨/万元）R_{12} 单位GDP土地占用（平方千米/万元）R_{13} 恩格尔系数 R_{14} 人均预期寿命（年）R_{15} 人均受教育年限（年/人）R_{16}	生态效益衡量一个地区消耗单位生态资源所换取的经济、社会发展程度，表征一个地区生态资源的利用效率，衡量该地区经济、社会发展的绿色程度，是不可或缺的衡量指标
	环境效益	$PM_{2.5}$浓度 R_{21} 自然环境污染 R_{22} 森林覆盖率（%）R_{23} 自然保护区占辖区面积比重（%）R_{24} 人均公共绿地面积（平方米/人）R_{25}	环境效益表征人们的生活环境质量，与人们的生活品质直接相关，反映了人们对健康及生活舒适度日益提高的要求，更体现了生态文明建设以人为本的宗旨

报告》），在计算京津冀城市生态文明建设水平时，生态效益权重为0.4，环境效益权重为0.6。

2018年京津冀城市生态文明建设水平评价结果见图7-4。

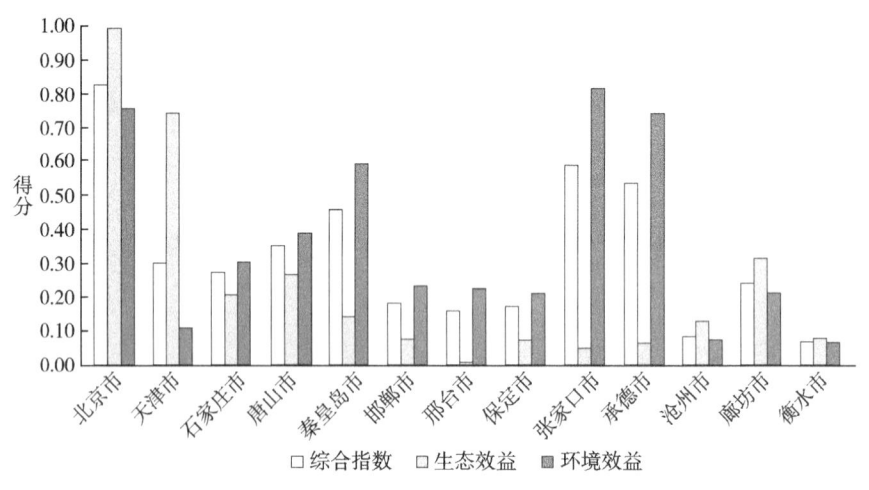

图7-4 2018京津冀城市生态文明建设水平示意图

生态效益衡量一个地区消耗单位生态资源所换取的经济、社会发展程度。2018年京津冀13城市的生态效益均值为0.25，偏低，说明京津冀地区整体生态资源的利用效率不高。北京、天津、廊坊、唐山排在前四位，且生态效益高于平均值，其他城市低于平均值。

环境效益表征人们的生活环境质量，2018年京津冀13城市的环境效益均值为0.37，偏低，但比生态效益高12个百分点。近几年京津冀区域环境效益有较大改善，特别是相对于生态效益而言环境改善更为明显，这得益于京津冀地区持续推进生态文明建设，调整发展方向，优化产业结构。张家口、北京、承德、秦皇岛、唐山排在前五位，且高于平均值，其他城市低于平均值。

2018年京津冀城市生态文明建设水平综合指数均值为0.33，偏低。北京、张家口、承德、秦皇岛、唐山五个城市的生态文明建设水平排在前五位，且高于平均值，其他城市低于平均值。

7.3.4 京津冀城市生态文明建设水平的时空特征分析

1. 京津冀城市生态文明建设水平的时间集聚特征分析

为探索京津冀城市生态文明建设水平随时间演变的集聚差异及离散程度，采用高斯正态分布的非参数Kernel核密度函数，选择1998年、2004年、2010年及2016年4个年份为观测时点对京津冀城市生态文明建设水平综合指数、生态效益指数和环境效益指数分别进行核密度估计，得到不同时点的分布状况（见图7-5），波峰的高度反映城市生态文明建设水平综合指数在不同城市间的集聚程度。通过观察不同指数的分布图，可得出以下特征：

（1）总体来看，生态文明建设水平综合指数呈现出由右向左、由单峰逐渐向双峰演变，但波峰的高度和宽度变化较小的过程，表明京津冀城市生态文明建设水平综合指数略有下降，而且经历了先上升后逐渐下降的过程，当前多数城市集中在小于0.4的左峰内，而右峰内只集聚了个别城市，城市间生态文明建设水平存在较大差距。

（2）生态效益指数则呈现出波峰的高度"低→高→低"、宽度"宽→窄→宽"的演变态势，生态效益表现为先上升后下降的过程。当前生态效益指数呈现"1个主峰为主、多个次峰为辅"的格局，但主峰位于[0.1, 0.4]的区间内，多数城市处于分布图的左侧，表明京津冀城市的生态效益仍处于较低的水平，只有北京、天津等发达城市处于高水平，地区间的差距将长期共存。

（3）环境效益指数的演变与生态文明综合指数相似的是由右向左变化且波峰的高度和宽度变化较小，不同的是演变态势由初期的偏右型双峰逐渐变化为当前的偏左型双峰，当前多数城市位于小于0.5的左峰内，京津冀城市的环境效益同样表现为下降态势，城市间也存在差距。综合来看，京津冀多数城市的生态文明是下降的，只有少数城市是上升的，城市间虽有差距，但

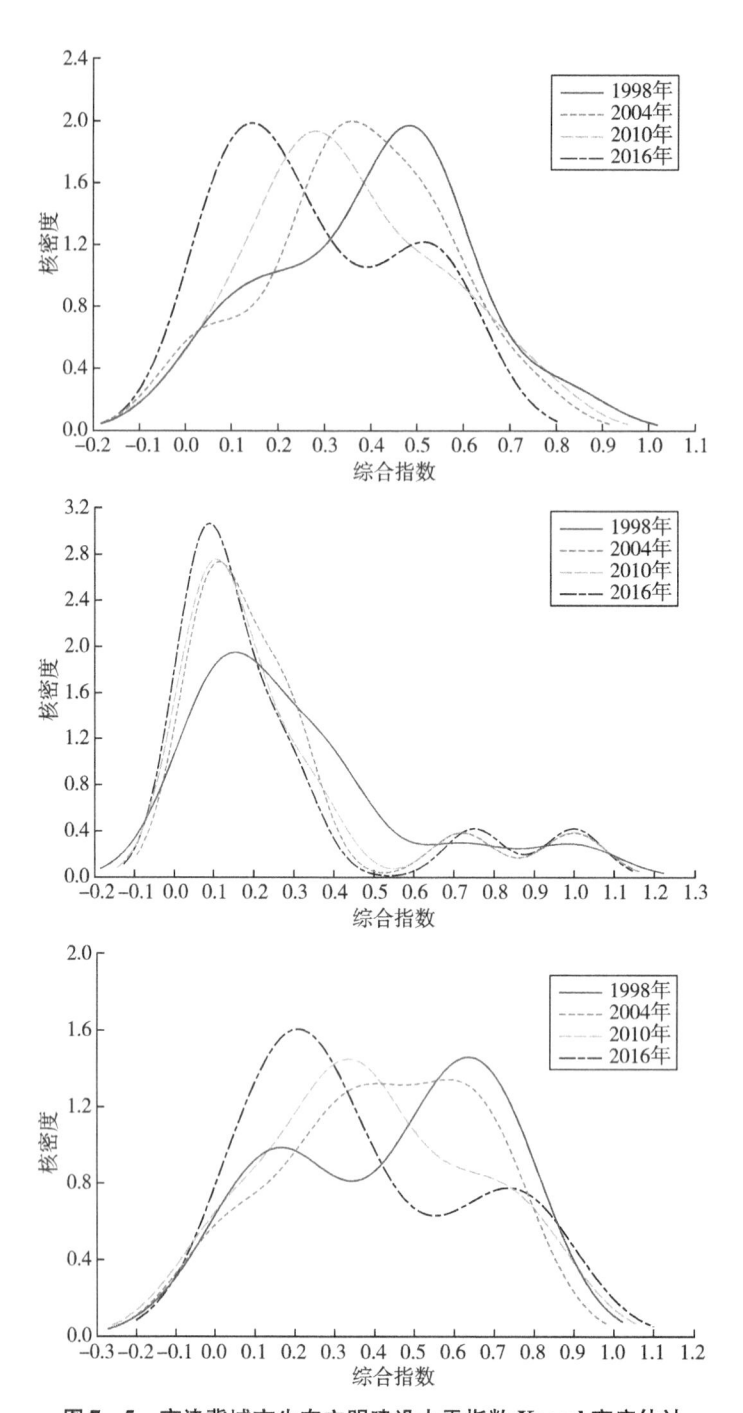

图 7-5　京津冀城市生态文明建设水平指数 Kernel 密度估计

未表现出两极分化态势。

2. 京津冀城市生态文明指数的空间集聚特征

为进一步探索京津冀城市生态文明建设水平的空间分异特征，接下来采用全局 Moran's I 指数和 LISA 集聚的方法分析其空间变化特征，Moran's I 指数采用边界相邻原则（Contiguity Edges only）将空间关系概念化，并进行 ROW 标准化（见表7-6）。结果显示，京津冀城市生态文明建设水平综合指数存在显著的空间自相关关系，即存在正向的集聚和依赖特征，该正向关系经历了先上升后略微下降的变化走势，集聚趋同性仍旧显著。但通过指数分解后的生态效益指数和环境效益指数的全局 Moran's I 存在差异，生态效益指数未通过显著性检验，其 Moran's I 经历了由负向正转变的过程，一定程度上能够反映集聚程度的提高；环境效益指数的大小与显著性水平与综合指数保持一致，环境效益能够较大程度反映生态文明的集聚水平。

表7-6 京津冀城市生态文明指数的 Global Moran's I 指数检验

年份	生态文明综合指数			生态效益指数			环境效益指数		
	Moran's I	Z	P	Moran's I	Z	P	Moran's I	Z	P
1998	0.29	2.01	0.04	-0.05	0.20	0.84	0.41	2.55	0.01
1999	0.27	2.00	0.05	-0.01	0.43	0.67	0.40	2.60	0.01
2000	0.46	2.95	0.00	-0.01	0.41	0.68	0.57	3.37	0.00
2001	0.28	1.93	0.05	-0.03	0.34	0.74	0.39	2.44	0.01
2002	0.41	2.65	0.01	-0.03	0.32	0.75	0.49	2.94	0.00
2003	0.50	3.13	0.00	-0.02	0.41	0.68	0.50	3.07	0.00
2004	0.44	2.89	0.00	-0.01	0.44	0.66	0.47	2.94	0.00
2005	0.48	3.02	0.00	-0.01	0.53	0.60	0.50	3.04	0.00
2006	0.50	3.09	0.00	0.00	0.58	0.56	0.51	3.12	0.00
2007	0.48	2.99	0.00	0.01	0.64	0.52	0.44	2.74	0.01
2008	0.47	2.93	0.00	0.08	1.05	0.29	0.41	2.65	0.01
2009	0.49	3.06	0.00	0.07	0.98	0.33	0.40	2.62	0.01
2010	0.40	2.63	0.00	0.09	1.05	0.29	0.34	2.25	0.02
2011	0.44	2.75	0.00	0.09	1.03	0.30	0.39	2.49	0.01
2012	0.46	2.95	0.00	0.07	0.94	0.35	0.43	2.69	0.01
2013	0.45	2.82	0.00	0.07	0.96	0.34	0.44	2.72	0.01
2014	0.38	2.44	0.01	0.05	0.83	0.41	0.38	2.41	0.01
2015	0.35	2.26	0.02	0.07	0.95	0.34	0.37	2.34	0.02
2016	0.42	2.81	0.00	0.10	1.16	0.24	0.44	2.72	0.07

在此基础上，在95%的置信区间下，将京津冀城市生态文明建设水平综合指数及其分解划分为4种高低不同的类型，以生态文明建设水平综合指数为例：①高高集聚，城市自身与周边城市生态文明都较高；②低低集聚，城市自身与周边城市生态文明都较低；③高低集聚，城市自身生态文明较高，但周边城市较低；④低高集聚，城市自身生态文明较低，但周边城市较高。据此做出1998和2017年京津冀城市生态文明及其生态效益和环境效益的LISA集聚图（见图7-6）。

从图7-7中对比可以看出京津冀城市生态文明指数的空间特征表现：

（1）京津冀城市生态文明建设水平综合指数LISA分布的高高集聚经历了以承德市为核心向以张家口市、承德市为核心转变的演化过程，而低低集聚经历了以衡水市、沧州市为核心向以石家庄市、衡水市和沧州市为核心的转变过程，可以反映出京津冀北部地区生态文明在向好发展，而南部地区雾霾污染比较严重，生态文明并未向好发展，且低水平生态文明的城市有扩散增多趋势，与Kernel密度估计的演变特征相似，生态文明整体上有下降的走势。另外，不存在高低集聚、低高集聚的城市，表明京津冀城市生态文明"北好南差"的空间格局比较分明。

（2）生态效益指数的Moran's I检验未通过显著性检验，但其LISA分布的演变特征较明显，经历了以承德市为核心的低高集聚、以石家庄市为核心的低低集聚向以承德市为核心的低高集聚、以石家庄市为核心的低低集聚、以天津市为核心的高高集聚的变化过程，承德市较低的生态效益指数对生态文明综合指数产生一定的拖累，天津及其周围地区的生态效益指数有所上升，而南部的石家庄市及其周边地区仍处于较低水平的生态效益。

（3）通过分解的环境效益指数LISA分布呈现出与生态文明综合指数相似的空间特征，京津冀北部仍表现出以承德市为核心的高高集聚，而南部的低低集聚同样经历了以衡水市、沧州市为核心向以石家庄市、衡水市和沧州市为核心的转变过程，可以说京津冀城市生态文明的增长主要依赖于环境效益的提升。

总体而言，京津冀城市间生态文明建设水平仍然不均衡，南部与北部相比仍然存在差距，冀南地区生态文明建设水平的提升仍然任重道远。

7.3.5 京津冀城市生态文明建设研究经过与展望

由以上分析可以看出，京津冀城市生态文明建设水平在时间上呈现由单

生态文明综合指数

（a）1998年　　（b）2016年

生态效益指数

（a）1998年　　（b）2016年

环境效益指数

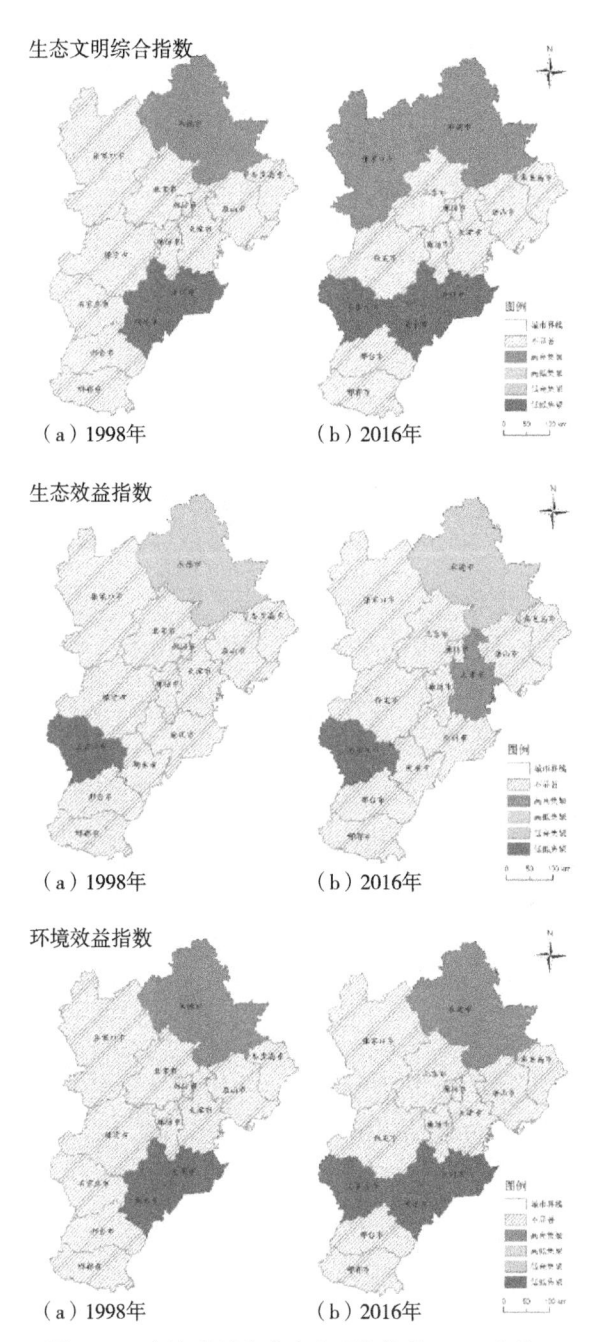

（a）1998年　　（b）2016年

图 7-6　京津冀城市生态文明指数的 LISA 集聚图

资料来源：2017 年国家基础信息中心公布的全国 1∶100 万基础地理数据库，京津冀地区横跨的图号代码为 J49、J50、K49 及 K50，使用的空间坐标系为 WGS_1984_UTM_zone_49N，审图号为 GS（2016）2556 号。

峰逐渐向双峰演变，城市间生态文明建设水平存在较大差距的现象，空间上表现为高高集聚由以承德市为核心向以张家口市、承德市为核心转变，低低集聚由以衡水市、沧州市为核心向以石家庄市、衡水市和沧州市为核心转变，反映出京津冀北部生态文明向好发展，而南部低水平生态文明城市扩散增多趋势，京津冀城市生态文明"北好南差"的空间格局依然明显。

在统筹京津冀协同发展的同时，实施分类指导、区别对待：一是加强京津冀顶层设计，成立京津冀生态文明建设委员会，由京津冀生态环境、自然资源、城乡建设、水利、交通和发展改革等职能部门人员构成，基于京津冀的资源环境状况，明确京津冀生态文明建设方向，合理规划京津冀生态功能区和产业园区；二是采取差异化的政策和措施：对于环境效益不好的城市（如河北省中部和南厢城市），发展重点是优化产业结构，提高资源的利用效率，大力发展高新技术产业，加快城市环境保护基础设施建设，加强城乡环境综合治理，控制城市污染，推进循环经济和循环社会的建设；对于生态效益欠佳的区域，经济社会发展应与生态功能区的定位保持一致，在此基础上，大力发展绿色能源、农业、体育和旅游业等绿色经济。对于北京、天津、唐山、秦皇岛等生态文明建设水平综合指数较高的城市，要加强生态城市建设，控制城市规模，合理布局城市功能组团，加强城市发展规划。

7.4 基于 Kernel 和 ESDA 方法的京津冀县域经济研究

7.4.1 京津冀县域经济研究现状

改革开放以来，中国经济实现了举世瞩目的增长，生产要素、贸易往来、知识传播与技术扩散等在空间内加速流动，空间关联性与依赖性日渐加强，但经济基础、区位条件与资源禀赋等差异使得区域间的经济差距也在不断扩大。区域间经济差距如果得不到有效控制，发达地区的资源过度集中将使得落后地区的经济难以实现长足发展，这将弱化区域间分工与协作，并导致两极分化更加严重。当前有关区域差距的研究已由省级尺度向市、县域等微观尺度转变。随着京津冀协同发展上升为国家重大战略，学术界也掀起了研究热潮，已有学者关注京津冀区域县域经济发展的差异、空间溢出与演化机制，但研究的视角和重点各有不同。

京津冀县域经济作为区域发展的腹地，在京津冀协同发展过程中发挥着承上启下的重要作用，同时也面临新的机遇和挑战。基于上述背景，本文在借鉴区域经济相关研究成果的基础上，以京津冀区域县域为研究单元，以县域人均 GDP 为研究对象，以 Kernel 密度估计分析其时间集聚特征，以探索性空间数据分析 ESDA 分析其空间集聚特征，以此来研究京津冀县域经济时间集聚分布特征和空间相关性，为研究京津冀区域县域经济的特征和演变提供新的解释视角及理论支持。

7.4.2 数据与方法

1. 数据

本文以京津冀县域经济为研究单元，试图在京津冀协同发展背景下探索京津冀县域经济发展的时间集聚分布特征和空间相关性，并揭示河北省与京津两市的差距。关于县域经济单元的选取，以往文献的做法是将各地级市的市辖区统一合并为城市市辖区。本文认为，市辖区作为城市核心组成部分和经济增长中心，与县域行政区相比具有显著优势，因此，市辖区作为县域经济并不合适。本文县域单元的选取以 2016 年行政区划为基准进行调整，未包括市辖区，但包括了刚刚撤县设区的部分县域，最终确定了 157 个县域单元（包括北京市 10 个、天津市 9 个、河北省 138 个）。考虑数据的可获得性，以人均 GDP 表征县域经济增长水平，研究时间范围为 1993—2017 年，所需数据源于统计年鉴、统计公报和政府工作报告。本文采用的京津冀行政边界矢量数据来源于 2017 年国家基础信息中心公布的全国 1∶100 万基础地理数据库（www.webmap.cn），京津冀地区横跨的图号代码为 J49、J50、K49 及 K50，使用的空间坐标系为 WGS_1984_UTM_zone_49N，审图号为 GS（2016）2556 号。

2. 核密度估计（Kernel Density Estimate）

核密度估计最早由 Rosenblatt（1955）和 Parsen（1962）提出，从本质上说，它是一个通过离散采样点进行表面内插的过程，即通过平滑的方法，用连续的密度曲线代替直方图，以更好地描述变量的分布形态，其具体基本原理为：Kernel 密度估计作为非参数估计方法，可用连续密度曲线描述随机变量的分布形态，Kernel 密度函数的估计量见式 7.6。

7.4.3 京津冀县域经济增长的时空特征

1. 县域人均 GDP 的时间集聚特征

为探索京津冀县域人均 GDP 随时间演变的集聚差异及离散程度，采用高斯正态分布的非参数 Kernel 核密度函数，选择 1993 年、2001 年、2009 年及 2017 年 4 个年份为观测时点进行核密度估计，得到不同时点的分布状况（图 7-7），波峰的高度反映不同县域人均 GDP 的集聚程度。通过观察分布图，可得出以下结论：

（1）京津冀县域人均 GDP 整体上呈现出从左至右、波峰从高到低的"1 个主峰、多个次峰"演变分布特征，显示出京津冀县域经济增长随时间变化而稳定提升的走势，多数县域由低水平集聚逐渐向"高—低"数量差异缩小的趋势转变。

（2）1 个主峰聚集了多数的贫困县域，多个次峰则分布了较富裕县域，虽然规模有所扩大，但仍远不及主峰，因而在研究期内贫富差距是长期存在的，即多数贫困县域与少数富裕县域长期并存，短时间内难以消除经济差距。

（3）京津冀县域经济整体上有了长足发展，但不同县域经济发展规模和速度的差异性导致波峰变化的两极分化趋势，"俱乐部收敛"特征仍然显著。

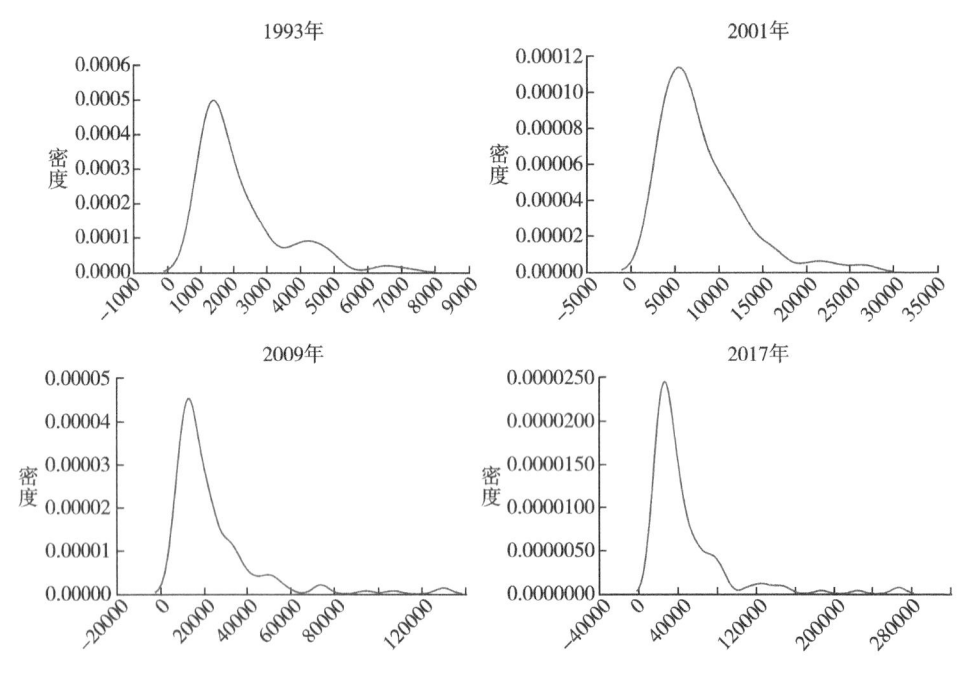

图 7-7　京津冀县域人均 GDP 的 Kernel 密度估计

2. 县域人均 GDP 的空间集聚特征

为进一步探索京津冀县域人均 GDP 的空间分异特征，接下来采用全局 Moran's I 指数和 LISA 集聚的方法分析其空间变化特征，Moran's I 指数采用边界相邻原则（Contiguity Edges only）将空间关系概念化，并进行 ROW 标准化（见表 7-7）。结果显示，京津冀县域经济增长存在显著的空间自相关关系，即存在正向的集聚和依赖特征，但该正向关系经历了先下降后上升的变化走势，集聚趋同性在增强。在此基础上，在 95% 的置信区间下，将京津冀县域人均 GDP 划分为 4 种高低不同的类型：①高高集聚，县域自身与周边县域人均 GDP 都较高；②低低集聚，县域自身与周边县域人均 GDP 都较低；③高低集聚，县域自身人均 GDP 较高，但周边县域较低；④低高集聚，县域自身人均 GDP 较低，但周边县域较高。据此对 1993 年和 2017 年县域人均 GDP 的 LISA 集聚加以说明。

表 7-7 京津冀县域人均 GDP 的 Global Moran's I 指数

年份	Moran's I	Z	P	年份	Moran's I	Z	P
1993	0.35	8.00	0.00	2006	0.21	4.98	0.00
1994	0.33	7.63	0.00	2007	0.21	5.01	0.00
1995	0.31	7.07	0.00	2008	0.23	5.43	0.00
1996	0.30	6.88	0.00	2009	0.23	5.45	0.00
1997	0.30	6.88	0.00	2010	0.24	5.75	0.00
1998	0.28	6.49	0.00	2011	0.25	5.85	0.00
1999	0.30	6.85	0.00	2012	0.28	6.49	0.00
2000	0.29	6.58	0.00	2013	0.29	6.93	0.00
2001	0.27	6.31	0.00	2014	0.31	7.39	0.00
2002	0.28	6.48	0.00	2015	0.32	7.53	0.00
2003	0.26	6.14	0.00	2016	0.32	7.59	0.00
2004	0.25	5.83	0.00	2017	0.32	7.60	0.00
2005	0.22	5.14	0.00				

（1）在整体上的共性表现。京津冀县域人均 GDP 的空间分布呈现出以北京、天津、唐山、廊坊为核心的高高集聚，张家口、保定、邢台、邯郸等城市县域为外围的低低集聚的空间格局，京津唐地区县域经济增长仍占据主导地位，对应着 Kernel 密度曲线的"多个次峰"，空间格局多年来基本未发生变化，且高低集聚、低高集聚的县域大多分布在京津唐地区周围，呈现出典型的"中心—外围"空间结构。

（2）冀中、冀南的多数县域的空间集聚格局并不显著，石家庄作为省会城市的辐射带动作用并不显著，未形成辐射冀中南地区的经济增长极，对周围地区的空间正向溢出效应并不显著。

（3）低低集聚区域的空间格局变化较稳定，对应着 Kernel 密度曲线的"1 个主峰"，一方面受自身经济基础、资源禀赋、区位条件等因素的影响，另一方面也与周围县域经济的快速发展存在关联。总体而言，京津冀县域间经济增长仍然不均衡，河北省县域与京津地区间差距依然较大，仍旧呈现以京津唐地区为核心向外围扩散的空间溢出格局，石家庄作为省会仍未形成对周围地区的空间溢出，成为京津冀经济增长的第三极仍需很长的一段路。

7.4.4　京津冀县域经济时空序列状态与发展方向

本文借助 Kernel 密度估计、探索性空间数据分析，探讨了 1993—2017 年京津冀地区 157 个县域人均 GDP 演变的时空特征及演变趋势。整体上，京津冀县域经济发展的"俱乐部收敛"特征显著，其中 Kernel 密度估计显示京津冀县域人均 GDP 整体上呈现出从左至右、波峰从高到低的"1 个主峰、多个次峰"演变分布特征，主峰的规模远大于次峰；Moran's I 指数显示京津冀县域经济增长表现出显著的空间相关性；LISA 集聚图显示京津冀县域经济呈现出以北京、天津、唐山、廊坊为核心的高高集聚，以张家口、保定、邢台、邯郸等城市县域为外围的低低集聚的空间格局，且空间格局多年来基本未发生变化，石家庄作为冀中南地区核心城市的辐射带动作用并不显著。

习近平总书记强调，京津冀协同发展是个大思路、大战略，要调整经济结构和空间结构，走出一条内涵集约发展的新路子，促进区域协调发展，形成新的增长极。目前，京津冀县域经济发展呈现"俱乐部收敛"特征，区域经济发展不均衡、不充分的问题依然严峻。京津冀三地要持续推进协同发展战略，促使县域经济由"俱乐部收敛"向均衡发展转变。为此，提出以下建议：

（1）加强顶层设计，强化"一盘棋"思想，实现协同发展。京津冀三地要在顶层设计中将县域经济均衡发展作为重要目标，三地要在立足于自身的区位、资源、环境等经济发展要素的基础上加强合作，通过科学、合理地构建产业分工格局，实现三地县域经济融合、联动发展。要聘请具有国内外领先水平的产业规划单位对县域产业进行规划设计，要突出地方特色。

河北省要把协同发展主线贯穿发展全过程，加强产、学、研合作，充分发挥高校联盟桥梁纽带作用，在资金、技术、人才等生产要素领域与京津实现全方位对接。要紧紧抓住京津产业外迁的重大机遇，加强经济开发区和产业园区建设，打造优质承接平台，力争优势品牌企业落户河北，逐步形成协同发展、错位竞争、功能互补的良好发展格局。

（2）石家庄要坚持创新发展，打造京津冀第三增长极。石家庄作为河北省的省会，河北省的经济、科技、金融中心，在区域发展中未发挥应有的辐射带动作用。石家庄要深入实施创新驱动发展战略，在对接京津中，深化产学研合作，把科技人才优势变成地方产业优势，推动产业转型升级，壮大省会经济、科技实力，并带动周边县市和冀中南部县市共同发展。

（3）以县城建设为重点，提升县域城镇化水平。县域城镇发展面临的突出问题是小而散，县城建设滞后、吸纳能力不足。针对京津冀区域县多、县小的特点，应走"小县大县城"的路子，实现提高质量和扩大规模相统一、产业壮大与人口聚集相协调。要合理布局县城和工业园区建设，坚持产城互动发展，促进工业向园区集中，人口向县城集中，着重解决县城发展缺乏产业就业支撑的问题。同时，要因地制宜发展特色小城镇，推动一批县城建成中等城市，打造承接北京非首都功能转移的微中心。

（4）优化发展环境，为县域经济发展提供支撑。京津冀区域各县市要全力营造和谐有序、高效务实、开放包容的发展环境，以吸引更多企业落户，吸引高端要素聚集；要美化城镇环境，进一步提升城镇建设品位，建立精细化城市管理机制，改善人居环境，加强县城容貌整治，大力实施绿化、亮化、美化工程和畅通工程；要改善修复生态环境，加快推进绿色低碳城市建设。

7.5 基于马尔可夫链理论的京津冀县域经济特征与演变

县域作为国家治理的基本单元，是国民经济的重要组成部分和统筹城乡经济发展的重要环节，也是中小城市、小城镇发展的重要经济基础，但县域经济的非均衡分布使得经济差距日渐突出。京津冀地区作为中国经济增长的三大城市集聚区之一，三省市地缘相接，产业联系密切，经济关联和空间依赖性较强。京津冀地区以2.25%的土地面积集聚了中国8.09%的人口和9.98%的GDP（2017年数据），但京津地区优越的人才、资本、京津基础等优势集聚带来了显著的虹吸效应，区域间经济差距日渐扩大、资源环境与发展的矛盾日益尖锐，环京津贫困带的存在使这一差距更加显著。随着京津冀协同发展这一重大战略的实施，以及雄安新区成立的"千年大计"带来的发展机遇，京津冀地区"核心—外围"空间结构使其成为研究区域经济增长空

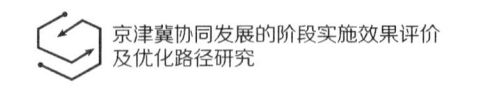

间溢出效应与动态演变的典型代表。

目前关于区域差距的研究正在由省级层面向地级市、县域层面转变，已有学者的研究探讨县域间经济的收敛机制与演变规律，这些研究较多采用马尔可夫链来分析县域经济收敛的动态演变过程，而技术、资本、劳动力等要素的空间转移，使得某县域经济一定程度上受到周边县域的影响与制约，所谓"近朱者赤"，越临近经济发达县域，该县域越有可能实现经济增长，反之同理。区域经济的收敛包括时和空两方面，将空间背景加入马尔可夫链方法，使得研究特定的空间溢出效应对该区域的经济增长产生的影响成为可能，能够有效对数据的异质性与动态性进行处理，揭示区域经济收敛的空间特征。缩小区域差距，实现协同发展，是京津冀协同发展的关键目标。目前有学者开始关注京津冀地区县域经济之间的差异、空间溢出效应和演化机制等问题。

基于上述研究背景及综述，本文以京津冀地区157个县域的人均GDP为研究对象，首先分析其空间集聚特征，然后构建传统和空间马尔可夫概率转移矩阵，通过将传统和空间转移概率进行对比来分析县域经济类型的时空演变特征及未来发展趋势，分析京津冀县域经济收敛过程中与空间背景之间的内在关联性与依赖性，力图从新的解释视角为京津冀地区间特别是县域经济的动态演变提供理论支撑。

7.5.1 数据和研究方法介绍

1. 数据来源与处理

伴随着京津冀协同发展上升为国家重大战略，地区间的空间关联和空间依赖越来越紧密，但区域内部的差距也日益扩大。本文以京津冀区域县域经济为基本研究单元，探索京津冀区域县域经济增长的空间溢出与演变走势，进一步分析河北省县域经济与京津两市县域经济的差距，选取与以往文献不同的研究单元。本文认为将市辖区作为县域对待并不合理，市辖区作为城市主体组成部分具有经济综合实力高的显著优势。并选取京津冀县域单元以2016年的行政区划为基准，不包括市辖区，但考虑了不久前撤县设区的部分县域，比如石家庄市的栾城区、藁城区、鹿泉区，衡水市的冀州区等，最终确定了县域单元157个（包括河北省138个、北京市10个和天津市9个，天津市未包括滨海新区）。考虑到研究的科学性和可行性，以人均GDP代表县域经济的增长水平，缺失数据采用当年现价GDP/户籍人口的方法进行计算，研究时间范围为1993—2017年共计25年，研究所需数据均源于京津冀三地各年度经济年鉴、统计年鉴,以及各县域政府工作报告和统计公报,2017年数据取自各地政府工作报告。

2. 探索性空间数据分析

空间探索性分析方法指一系列空间数据分析方法和技术,以空间关联度为核心,通过对事物的空间分布格局描述和可视化分析,探索空间集聚与空间异质性。本文以全局空间自相关检验京津冀县域间的空间联系,以反映研究区整体的经济增长是否存在空间关联。采用全局Moran's I指标对京津冀地区县域人均GDP进行度量和检验,其计算公式为

$$I = \frac{n\sum_{i=1}^{n}\sum_{j=1}^{n}w_{ij}(x_i - \overline{x})(x_j - \overline{x})}{\sum_{i=1}^{n}(x_i - \overline{x})\sum_{i=1}^{n}\sum_{j=1}^{n}w_{ij}} \tag{7.8}$$

式中:I为Moran's I指数;n为研究单元总数;x_i、x_j为区域i、j的属性值;$\overline{x}$为属性均值;w_{ij}为按行标准化后的空间权重矩阵,满足$\sum_{j}w_{ij} = 1$。

3. 空间马尔可夫链分析

空间马尔可夫链分析是在传统马尔可夫链分析的基础上,把空间滞后概念引入转移概率矩阵,用于揭示县域经济增长的演变在地理空间上的联系。以县域在初始年份经济增长的空间滞后类型为条件,将传统的$N \times N$阶转移概率矩阵分解成N个$N \times N$条件概率矩阵,分析在不同空间背景下,某县域人均GDP降低或提高的可能性,空间滞后类型根由该县域相邻地区经济增长空间加权平均得到,通过初始年份县域经济增长与空间权重矩阵的乘积来得到,即$\sum_{j}W_{ij}Y_j$,其中Y_j表示某县域人均GDP,W_{ij}为空间权重矩阵,采用公共边界原则进行确定,即地区相邻设为1,不相邻设为0,并进行标准化。另外,通过将传统马尔科夫转移矩阵和空间马尔科夫转移矩阵的对比,可以了解某县域人均GDP向下或者向上的转移概率与周围县域之间的关系,以此探讨地理因素对县域经济增长转移的空间溢出效应。

马尔可夫过程在长期转移之后,系统可能存在一种平衡状态,即系统中处于同一状态的概率不再随时间的推移而变化,此时的概率分布即是平稳分布。通过马尔可夫概率转移矩阵可以求得平稳状态时的概率分布,从而能够预测县域经济未来的稳定状态。传统马尔可夫链平稳分布的测算参考侯孟阳等的研究。并可将其推广到空间马尔可夫链,根据相似的原理求得每个空间滞后类型下的空间平稳分布。

7.5.2 京津冀县域经济增长的时空演变及趋势预测

1. 基于传统马尔可夫链的县域人均 GDP 状态转移特征

求解传统马尔可夫概率转移矩阵，需要将 1993—2017 年间 157 个京津冀县域人均 GDP 划分为不同类型空间状态，关于人均 GDP 数据的处理，按照世界银行区域经济分类方法和标准，并结合京津冀发展现状，且考虑到不同类型内县域观察量大致相等，将 157 个县域按历年京津冀地区人均 GDP 均值划分为 4 种类型：

（1）低水平。人均 GDP 低于京津冀县域平均值的 60%；

（2）中低水平。人均 GDP 介于京津冀县域平均值的 60%～80%；

（3）中高水平。人均 GDP 介于京津冀县域平均值的 80%～120%；

（4）高水平。人均 GDP 高于京津冀平均值的 120%。

分别以 $k=1$，2，3，4 表示，k 越大说明经济水平越高。

表 7-8 报告了京津冀县域人均 GDP 传统一阶马尔可夫概率转移矩阵，矩阵对角线上的数值表述人均 GDP 类型在研究期内未发生转移的概率，而非对角线上的数值反映的是人均 GDP 在研究期内在不同类型之间发生转移的可能性，n 为在此分类标准下研究期内处于某状态的县域数量，可以明显地看出研究期内多数县域处于低水平和中低水平，县域间经济差距比较显著。根据该传统矩阵的分析可得出以下结论：

（1）京津冀区域县域人均 GDP 整体上向高水平转移的趋势明显。如类型 2 向上转移的可能性为 0.10，而向下转移的概率只有 0.07，类型 3 也呈现相同的转移情况，说明京津冀县域经济整体上持续向高水平增长。

（2）京津冀区域县域经济的状态转移具有维持原有状态稳定性的特征。对角线上的概率值均远大于非对角线上的概率值，对角线上元素值最小为 0.83，最大值为 0.94，表明县域经济类型在研究期内不发生转移的最小概率为 82.51%，另外，对角线两端低水平和高水平的概率相对较高，其维持原有状态的概率分别为 0.93 和 0.94，也即京津冀县域经济向低水平和高水平收敛的可能性仍较大，且落入低水平的县域数量更多，"富者更富，贫者仍贫"，该"俱乐部收敛"特性反映出县域间经济差距较不均衡，两极分化现象严重。

（3）京津冀县域经济之间不同类型难以实现跃迁式转移。非对角线上的非零元素均位于对角线双侧，说明在两个连续年份中，京津冀县域人均 GDP 的类型转移大多发生在相邻两个类型之间，基本上难以实现类型的跨越式转移，这是由于经济增长是一个稳定持续的过程。总体来看，京津冀县域经济增长俱乐部收敛特征明显，空间格局变动的趋势较小，推动京津冀协同发展有其必要性。

表7-8　1993—2017年京津冀县域人均GDP传统马尔可夫概率转移矩阵

$t \backslash t+1$	n	1	2	3	4
1	1177	0.93	0.07	0	0
2	886	0.07	0.83	0.10	0
3	879	0	0.06	0.86	0.08
4	983	0	0	0.06	0.94

2. 基于空间马尔可夫链的县域人均GDP状态转移特征

京津冀县域经济增长的类型转移在空间格局上并不孤立，经济增长不仅依靠内生性发展，而且也与周边县域存在密切的关联。为进一步探索京津冀区域县域人均GDP的空间关联性，本文采用全局Moran's I指数分析其空间格局特征，根据边界相邻原则将空间关系概念化，并进行ROW标准化（见表7-9）。从表7-9可以看出京津冀区域县域经济增长呈现显著的空间自相关特征，即存在正向的集聚和依赖特征。但是，该正向关系经历了先下降后上升的变化，集聚趋同性在逐渐增强。

表7-9　京津冀区域县域人均GDP的Global Moran's I指数

年份	Moran's I	Z	P	年份	Moran's I	Z	P
1993	0.35	8.00	0	2006	0.21	4.98	0
1994	0.33	7.63	0	2007	0.21	5.01	0
1995	0.31	7.07	0	2008	0.23	5.43	0
1996	0.30	6.88	0	2009	0.23	5.45	0
1997	0.30	6.80	0	2010	0.24	5.75	0
1998	0.28	6.49	0	2011	0.25	5.85	0
1999	0.30	6.85	0	2012	0.28	6.49	0
2000	0.29	6.58	0	2013	0.30	6.93	0
2001	0.27	6.31	0	2014	0.31	7.39	0
2002	0.28	6.49	0	2015	0.32	7.53	0
2003	0.27	6.14	0	2016	0.32	7.59	0
2004	0.25	5.83	0	2017	0.32	7.60	0
2005	0.22	5.14	0				

经过全局 Moran's I 指数的检验，需要在传统马尔可夫转移矩阵的基础上，进一步引入空间因素，以不同的县域初始年份的空间滞后类型为条件来建立空间马尔可夫概率转移矩阵，将更能反映出县域人均 GDP 增长与周围县域之间的关系（见表 7-10）。

通过对比表 7-8 和表 7-10，可以考察周围县域人均 GDP 类型对某县域经济增长类型转移的影响，空间马尔可夫概率转移矩阵除了具有传统马尔可夫概率转移矩阵特征外，还表现出以下时空演变特征：

(1) 县域经济增长在空间背景上并不孤立，且在时空演变过程中发挥重要作用，表现出与周围县域经济水平产生较大的相关性。在不同邻域背景下，不同县域人均 GDP 的类型转移概率并不相同，也不等于相应的传统马尔可夫转移概率，否则空间滞后的影响将不存在，比如在不考虑空间背景的情况下，$P_{23}=0.10$，而某县域与经济类型为 1 的县域相邻时，$P_{23}|1=0.13$，与经济类型为 2 的县域相邻时，$P_{23}|2=0.10$，可见考虑经济增长的空间背景影响尤其必要性。

(2) 不同的空间背景对县域经济类型转移的影响各不相同，比如 $P_{23}|2=0.10<P_{23}|3=0.10<P_{23}|4=0.12$，一般来说，与经济水平较高的县域为邻，其经济类型向上转移的概率将增大，但较特殊的是 $P_{23}|2=0.10<P_{23}|1=0.13$，可能的原因是与处于低水平的县域为邻的县域具有较大的经济增长空间。

(3) 经济水平较高的县域对周围县域经济具有辐射带动作用，而经济水平较低的县域对周围县域经济具有负向影响作用，如 $P_{23}=0.104\cong P_{23}|3=0.102<P_{23}|4=0.113$、$P_{34}=0.082>P_{34}|2=0.074>P_{34}|1=0.054$，即某县域与经济水平高的县域为邻，能够获得更多的发展机会和更好的增长环境，而某县域与经济水平较低县域为邻，其经济发展有可能受到抑制。

(4) 虽然邻近经济水平较高的县域对该县域经济类型的向上转移具有显著影响，但这种影响并不是同步发展，而是存在特例，当某县域处于低水平类型时 $P_{12}=0.07$，且以中低和中高水平类型的县域为邻时概率 $P_{12}|2=0.08$、$P_{12}|3=0.11$，该县域向上转移的概率分别提高了 0.93% 和 4.25%，但以高水平类型的县域为邻 $P_{12}|4=0.04$，该县域向上转移的概率没有升高反而下降，降低了 2.35%，本文认为该特殊情况能够合理解释河北省环京津贫困带县域经济增长过程，河北省环京津县域与京津地区经济差距很大时，能够获得高水平县域的辐射和溢出作用较有限，在对这些县域的人力资源吸引、政策限制开发、生态保护屏障等因素影响下，产生了强大的虹吸效应，

且虹吸效应强于辐射溢出效应，导致地区间经济梯度落差过大。

表7-10　1993—2017年京津冀县域人均GDP空间马尔可夫概率转移矩阵

空间滞后	$t\setminus t+1$	n	1	2	3	4
1	1	344	0.85	0.15	0	0
	2	131	0.05	0.82	0.13	0
	3	240	0	0.05	0.90	0.05
	4	24	0	0	0.08	0.92
2	1	537	0.92	0.08	0	0
	2	272	0.06	0.84	0.10	0
	3	51	0	0.06	0.87	0.07
	4	50	0	0	0.2	0.80
3	1	263	0.89	0.11	0	0
	2	423	0.08	0.82	0.10	0
	3	331	0	0.05	0.80	0.14
	4	234	0	0	0.08	0.92
4	1	33	0.96	0.04	0	0
	2	60	0.08	0.80	0.12	0
	3	257	0	0.04	0.78	0.18
	4	675	0	0	0.04	0.96

以上演变特征对比显示出，空间背景对京津冀县域经济增长的时空演变产生显著影响，且存在空间溢出效应，整体上，经济水平较高的县域会带动周边县域经济共同增长，向更高水平转移的概率增加，而经济水平较低的县域可能会制约周边县域经济增长水平的提升，并继续维持低水平的县域经济，且向更低水平转移的概率增大，从而使得京津冀县域经济在空间上呈现集聚格局，且"俱乐部收敛"特征更加显著，空间马尔可夫分析为该现象进行了空间意义上的解释。

为进一步验证空间背景对京津冀区域县域人均GDP的影响是否显著，需要经过假设检验加以验证。H0：京津冀区域县域人均GDP的类型转移在空间上相互独立，其概率转移与空间滞后无关。构造似然比统计量对H0进行检验：

$$Q = -2\log\left\{\prod_{l=1}^{k}\prod_{i=1}^{k}\prod_{j=1}^{k}\left[\frac{P_{ij}}{p_{ij}(l)}\right]^{n_{ij}(l)}\right\} \quad (7.9)$$

其中，p_{ij}、$p_{ij}(l)$、$n_{ij}(l)$（$l = 1, 2, \cdots, k$）表示不考虑空间背景的转移概率、空间滞后类型为l条件下的空间转移概率以及相应的县域观察数量，统计

量 Q 服从自由度为 $k(k-1)^2$ 的 χ^2 分布。根据公式计算得到 $Q=54.36$，剔除研究期间转移概率为 0 的数值，自由度有 $4\times(4-1)^2=36$ 分别变为 30，而在 1% 的显著性水平下，$Q>\chi^2(30)=50.89$，因此，可以拒绝京津冀县域人均 GDP 的类型转移在空间上相互独立的原假设，县域经济增长与相邻地区存在显著相互关联，也即区域内的内生动力与区域间的空间关联相互作用，共同推动县域经济增长。

3. 京津冀县域人均 GDP 时空演变的趋势预测

空间马尔可夫概率转移矩阵显示京津冀县域人均 GDP 的演变呈现显著"俱乐部收敛"特性，但在长期平稳状态下是否仍将保持该特性呢？前文指出，京津冀县域经济增长的类型转移呈现维持其原来状态的稳定性特征，目前转移过程仍未达到平稳状态，状态之间转移仍将继续进行。对于县域人均 GDP 状态类型的 n 步概率转移矩阵，当 $n\to\infty$ 时，便可得到该状态概率转移的平稳分布，而在加入空间滞后的空间马尔可夫概率转移矩阵后，可根据每个空间滞后类型以求得各自的平稳分布，然后就可以预测京津冀县域经济增长长期演变的发展趋势（见表 7-11）。从表 7-11 中可知，在不同的空间背景下，京津冀县域人均 GDP 向上转移的概率较大，但在平稳分布中转移概率存在显著差异，在类型 1 和 2 的空间背景下，平稳分布中处于中高水平经济类型的可能性最大，概率分别为 0.47、0.41，在类型为 3 和 4 的空间背景下，平稳分布中处于高水平经济类型的可能性最大，概率分别为 0.49、0.70，显示出，如果与经济水平较高的县域为邻，其能以较大的可能性向上转移至高水平类型，而与经济水平较低的县域为邻，其向上转移至高水平类型的可能性较小，仍将维持在中低或中高水平，且中低与中高的分界不明显，可看作一个俱乐部，京津冀县域经济增长的长期平稳状态将呈现出中高与高水平集聚的偏双峰式"俱乐部"分布格局，高低集聚的"俱乐部收敛"或将逐渐消失，但这需要经历较长的一段演变过程。

表 7-11 京津冀县域人均 GDP 类型转移的长期演变趋势预测

空间滞后	1	2	3	4
1	0.05	0.17	0.47	0.31
2	0.20	0.24	0.41	0.15
3	0.10	0.14	0.27	0.49
4	0.10	0.05	0.15	0.70

7.5.3 京津冀县域经济时空演变论述与建议

本文借助探索性空间数据分析方法、传统和空间马尔可夫链分析法探讨了近 25 年京津冀地区县域人均 GDP 演变的时空特征及长期演变趋势。整体上看全局 Moran's I 指数显示出京津冀区域县域经济增长表现出显著的空间相关特征。京津冀县域经济的转移具有维持原有状态的稳定性，不同经济类型难以实现跃迁式转移，传统马尔可夫链忽视了空间背景在京津冀县域经济演变过程中的影响，难以真实反映县域经济在地理空间上的差异性，而空间马尔可夫链分析除了具有与传统马尔可夫链转移矩阵的共性特征外，还表现出县域经济增长与周围县域经济水平呈现显著关联性特征，不同空间背景对县域经济类型转移有不同的影响，经济水平较高的县域对周围县域经济具有辐射带动作用，而经济水平较低的县域对周围县域经济具有负向减缓作用，同时，在京津冀县域经济增长的长期平稳状态下中低与中高的分界不明显，呈现出中高与高水平集聚的偏双峰式"俱乐部"分布格局，高低集聚的"俱乐部收敛"特性或将逐渐消失。

区域是一个在空间上开放的系统，区域内的任一经济体都不可能孤立地存在，相邻地区间的相互影响与空间关联，如贸易交流、要素流动、新技术的进步与传播等是缩小区域差距、加强地区间交流与互动、促进区域经济协调发展的主要动力，考虑经济增长的空间背景影响尤其必要，但县域经济增长存在路径依赖性，当前县域间经济两极分化仍然严重，促使"俱乐部收敛"特性向均衡发展的目标仍然任重道远，必须坚定不移地实施京津冀协同发展战略。显著的空间相关性要求京津冀协同发展应加强顶层设计，使得京津冀三地从全局的视角统筹协调区域内县域经济的交流与发展，根据不同县域的资源禀赋与经济发展基础制定差异化的发展政策，发挥比较优势，有层次地继续疏解北京的非首都功能，有步骤地打破区域间的地理障碍和制度藩篱，促进要素在地区间自由流动，寻求区域间的经济分工合作与交流，促使京津冀形成有效的产业协作互动机制，同时，经济水平高的县域，尤其京津地区县域，应打破其行政壁垒，发挥对河北省县域的辐射带动作用，特别是环京津贫困带地区的县域。同时，河北省也应抓住雄安新区建立这一千年大计的机遇，主动推动与京津产业交流与协作，加强基础设施建设，缩小与京津的经济差距，以实现京津冀地区协调发展。

本文在已有研究的基础上，做出了进一步的探索，空间马尔可夫链分析法是理解京津冀县域京津增长时空动态演变的有效方法之一，它以新的视角强调了在县域发展过程中的相邻县域对本县域发展的影响，但它主要是通过对数据的各种统计描述，"让数据自己说话"以揭示其中蕴含的有用信息，导致其缺乏理论模型的解释力，有待进一步探索空间背景及"俱乐部收敛"特征背后的影响作用，因而，在未来的研究中，借助空间计量模型考察人才流动、资本流动、技术进步、制度设计及城镇化建设等因素对县域经济增长的影响程度和影响机制。

7.6 京津冀城市生态文明建设效率研究

7.6.1 京津冀生态文明建设研究现状

习近平总书记在党的十九大报告中指出：生态文明建设是中国特色社会主义建设的重要内容，是21世纪中华民族实现跨越式发展的战略选择。同时，总书记也强调：京津冀协同发展是个大思路、大战略。京津冀生态文明建设在全国生态文明建设，实现中华民族伟大复兴的历史进程中具有举足轻重的作用。对京津冀城市生态文明建设现状进行分析，对其效率进行评价，指出京津冀城市生态文明建设中存在的不足并进一步提出改进的路径和措施，便具有了时代意义和实践价值。

国内学者针对区域层次，尤其是关于京津冀区域的生态文明建设研究非常少。陈冬冬在其硕士学位论文中对京津冀区域城市生态经济效率进行了研究，但城市生态经济只是生态文明建设的一个局部，而生态文明建设涵盖了经济、社会和自然三个子系统。崔铁宁、张聪应用生态位理论分析了京津冀6个城市5个年度的生态文明建设水平，陈润羊等通过构建生态文明指数评价指标体系，分析了"十二五"时期京津冀区域生态文明建设状况，胡悦教授等将京津冀地区作为载体，运用组合赋权方法研究其2010—2015年的生态文明发展水平情况。以上研究存在以下问题：一是研究对象仅限于北京、天津和河北省（或河北省个别城市），且时间跨度较短；二是缺少对京津冀城市生态文明建设效率的研究；三是研究方法比较传统。本文基于非期望产出视角，采用超效率SBM模型，分析京津冀城市2007—2016年的生态文明建设效率；进一步采用Tobit模型，分析影响生态文明建设效率的关键因素，探讨提高京津冀城市生态文明建设效率的途径。

7.6.2 研究方法介绍

1. 非期望产出超效率 SBM 模型

生态文明建设强调经济、社会的发展必须在资源环境的承载力范围内，与生态保护相协调。城市生态文明建设在获得经济效益和社会效益等期望产出的同时，也会产生环境污染，这种希望越小越好的产出即为非期望产出。基于非期望产出的 SBM（Slacks – Based Measure）模型由 Tone 提出，该模型可以有效地解决径向和角度的传统 DEA 模型造成的投入要素的"拥挤"或"松弛"现象，但 SBM 模型也存在和传统 DEA 模型的相同问题，即对于效率都为 1 的单元，难以进一步区分彼此之间的差异，Tone 在 SBM 模型的基础上，进一步定义了超效率 SBM 模型，其综合了超效率 DEA 模型和 SBM 模型两种模型的优势，能够对处于前沿面的有效率 DMU 进一步做出对比区分，模型具体为：

$$Min\rho = \frac{\frac{1}{m}\sum_{i=1}^{m}\left(\frac{\bar{x}}{x_{ik}}\right)}{\frac{1}{r_1+r_2}\left(\sum_{s=1}^{r_1}\bar{y}^d/y_{sk}^d + \sum_{q=1}^{r_2}\bar{y}^u/y_{qk}^u\right)} \quad (7.10)$$

$$\begin{cases} \bar{x} \geq \sum_{j=1,\neq k}^{n} x_{ij}\lambda_j; \bar{y}^d \leq \sum_{j=1,\neq k}^{n} y_{sj}^d\lambda_j; \bar{y}^d \geq \sum_{j=1,\neq k}^{n} y_{qj}^d\lambda_j; \bar{x} \geq x_k; \bar{y}^d \leq y_k^d; \bar{y}^u \geq y_k^u; \\ \lambda_j \geq 0, i=1,2,\cdots,m; j=1,2,\cdots,n, j \neq 0; s=1,2,\cdots,r_1; q=1,2,\cdots,r_2; \end{cases}$$
$$(7.11)$$

式中，假设有 n 个 DMU，每个 DMU 由投入 m，期望产出 r_1 和非期望产出 r_2 构成，x、y^d、y^u 为相应的投入矩阵、期望产出矩阵和非期望产出矩阵中的元素，ρ 为城市生态文明建设效率值。

2. Tobit 模型

Tobit 模型由美国学者 James Tobit 提出，标准形式见公式（7.13）：

$$y^* = x_i\beta + \varepsilon_i$$
$$y_i = \begin{cases} y_i^* & \text{if } y_i^* > 0 \\ 0 & \text{if } y_i^* \leq 0 \end{cases} \quad \varepsilon_i \sim normal(0, \delta^2) \quad (7.12)$$

3. SBM – Tobit 组合模型

本文将非期望产出超效率 SBM 模型和 Tobit 模型结合在一起，首先通过 SBM 模型测算出京津冀城市生态文明建设效率，在此基础上以城市生态文明建设效率为因变量，各单元投入作为自变量进行回归分析，由此判断各种投入因素对因变量的影响方向及程度。

7.6.3 京津冀城市生态文明建设效率评价

1. 城市生态文明建设效率评价指标体系构建

基于中国特色生态文明建设的内涵，同时借鉴相关研究成果，采用理论分析法、频度统计法和专家咨询法，遵循科学性、系统性、可行性等原则，构建城市生态文明建设效率评价指标体系（见表7-12）。

表7-12 城市生态文明建设效率评价指标体系

指标类别	指标名称	指标说明
投入指标	劳动力投入 资本投入 资源投入	城镇单位从业人员期末人数（人） 固定资产投资（不含农户）（万元） 由行政区域土地面积（平方千米）、能源消耗（万吨标准煤）、水资源消耗（万吨）综合而成
产出指标	期望产出：经济效益 社会效益 非期望产出：环境污染	地区生产总值（万元） 由城镇居民可支配收入（元）、养老保险覆盖率（%）、城镇登记失业率（%）综合而成 由$PM_{2.5}$、工业固体废弃物排放量（万吨）、工业废水排放量（万吨）综合而成

2. 京津冀城市生态文明建设效率评价

本文以京津冀城市为研究单元，包括北京、天津和河北省的11个地级市，运用以上构建的指标体系，采用非期望产出超效率SBM模型，运用DEA-SOLVER-LV8软件，对京津冀城市生态文明建设效率进行评价，并揭示河北省与京津两市的差距。本文研究时间范围为2007—2016年，所需数据源于历年《中国统计年鉴》《中国环境年鉴》《中国水资源公报》等。评价结果见表7-13。

表7-13 京津冀城市生态文明建设效率

年份	2007	2008	2009	2010	2011	2012	2013	2014	2015	2016
北京	2.65	2.55	2.73	2.91	3.45	3.66	4.39	4.60	4.85	4.70
天津	1.22	1.35	1.46	1.53	1.39	1.43	1.47	1.52	1.58	1.61
石家庄	0.86	0.87	0.91	0.89	0.97	0.96	0.98	0.93	0.93	0.95
唐山	1.30	1.32	1.21	1.15	1.36	1.29	1.28	1.25	1.20	1.18

续表

年份	2007	2008	2009	2010	2011	2012	2013	2014	2015	2016
秦皇岛	1.66	1.64	1.57	1.42	1.50	1.49	1.71	1.82	1.76	2.00
邯郸	0.84	0.85	0.88	0.89	0.88	0.87	0.72	0.71	0.72	0.70
邢台	0.84	0.81	0.84	0.82	0.89	0.78	0.75	0.75	0.75	0.78
保定	0.89	0.87	0.92	0.87	0.89	0.80	0.79	0.76	0.73	0.88
张家口	1.06	1.11	1.17	1.42	1.17	1.11	1.05	1.18	1.25	1.22
承德	1.16	1.17	1.12	1.06	1.13	1.17	1.15	1.13	1.09	1.04
沧州	1.16	1.16	1.15	1.23	1.24	1.20	1.19	1.15	1.10	1.10
廊坊	1.48	1.48	1.43	1.38	1.38	1.38	1.40	1.40	1.42	1.43
衡水	1.64	1.64	1.72	1.52	1.44	1.43	1.26	1.40	1.58	1.75

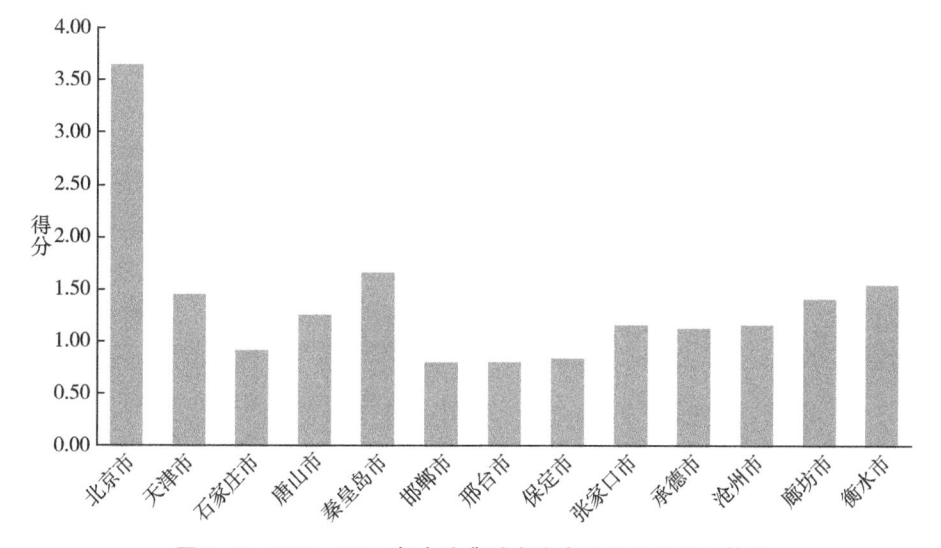

图 7-8 2007—2016 年京津冀城市生态文明建设平均效率

图 7-8 显示了 2007—2016 年京津冀城市生态文明建设平均效率，京津冀区域 13 个城市近 10 年的生态文明建设效率均值为 1.37，极差为 2.85，最高为北京 3.65，最低为邢台 0.8。北京市、秦皇岛市、衡水市、天津市和廊坊市位居前 5 位，而承德市、石家庄市、保定市、邯郸市和邢台市处于后 5 位。北京市和天津市生态文明建设效率均值为 2.55，而河北省 11 个城市生态文明建设效率均值为 1.16，可以看出河北省城市生态文明建设和京津相比差距非常明显。

7.6.4　Tobit 模型实证分析

为进一步分析影响生态文明建设效率的关键因素，探讨提高京津冀城市生态文明建设效率的途径，本文采用 Tobit 模型，以京津冀城市生态文明建设效率为被解释变量，以资本投入、资源投入和劳动力投入为解释变量，建立 Tobit 回归模型。鉴于文章篇幅，本文只给出了北京、天津和石家庄 3 个城市的回归模型（P 值均小于 0.05）：

$$y_1 = 5.32 + 3.54x_1 - 3.03x_2 - 2.20x_3$$
$$y_2 = 1.49 + 0.55x_1 + 0.45x_2 - 0.89x_3 \qquad (7.13)$$
$$y_3 = 0.97 + 0.25x_1 + 0.41x_2 - 0.64x_3$$

资源配置指资源在不同领域之间的分配以及资源彼此之间的比例。就北京而言，因其首都优势集聚了大量优质资源，北京市在生态文明建设中存在资源和劳动力投入冗余现象，提高效率的途径是增加资本投入的同时，适度减少资源投入和劳动力投入，要依靠创新，大力发展高端服务业，从而减少资源消耗。天津市和石家庄市情况比较相似，在生态文明建设中都存在劳动力投入冗余现象，不同的是天津市要提高生态文明建设效率首先要增加资本投入，其次是增加资源投入，而石家庄市相反。石家庄市要提高生态文明建设效率首先要增加资源投入，其次是增加资本投入。2018 年，天津市三次产业结构为 0.9∶40.5∶58.6，发展重点是高端装备制造业和高端服务业，相应地需要增加资本用于研发，同时发展高端装备制造业也需要消耗一定的资源。2018 年石家庄市装备制造业增加值增长 7.8%，纺织服装业下降 4.1%，食品工业增长 1.8%，钢铁工业下降 6.6%，建材工业增长 0.2%，医药工业增长 14.7%，石化工业增长 10.9%，六大高耗能行业增加值增长 6.0%。就石家庄市目前的发展阶段和产业结构，要提高生态文明建设效率首先要增加资源投入，其次是增加资本投入。长期看，石家庄市要实现传统产业的转型升级，减少资源消耗。

7.6.5　京津冀生态文明建设效率研究论述与展望

对京津冀城市生态文明建设效率进行客观评价是对城市生态文明建设进行科学管理的前提。本文实证结果显示：京津冀区域城市生态文明建设效率总体呈现逐渐上升的趋势，但城市间尤其是河北省大多数城市与北京市、天津市仍然存在较大差距。京津冀协同发展已经成为国家重大战略，京津冀城市生态文明建设要在做好顶层设计和全区域整体规划的同时，在制定政策时要多向河北省倾斜，以带动河北省各城市共同发展；为提高京津冀区域各城市生态文明建设建设水平，在采取具体措施时要因地制宜，要在对各城市生态文明建设状况进行具体分析的基础上采取差异化的方案，优化资源配置，以最少的资源、环境投入，获取最大的生态文明建设效益。

7.7 京津冀一体化视角下京津冀主导产业选择研究

7.7.1 京津冀一体化研究剖析

京津冀一体化发展思路由来已久。进入21世纪，京津冀一体化建设提速。2004年京津冀三方达成"廊坊共识"，正式确定"京津冀经济一体化"发展思路。同年国家发展和改革委员会启动《京津冀都市圈区域规划》[1]。2014年2月，中共中央总书记、国家主席习近平在北京主持召开座谈会，专题听取京津冀协同发展工作汇报，强调实现京津冀协同发展是一项国家战略，要坚持优势互补、互利共赢、扎实推进，加快走出一条科学持续的协同发展路子来。并就推进京津冀协同发展提出七点要求，其中第三点强调要着力加快推进产业对接协作，理顺三地产业发展链条，形成区域间产业合理分布和上下游联动机制，对接产业规划，不搞同构性、同质化发展。由此，京津冀一体化升级到国家层面，上升为国家战略[2]。京津冀一体化包括经济一体化、社会公共服务一体化以及生态环境保护一体化等内容，其中，经济一体化是基础。要实现经济一体化，就要以资源要素空间统筹规划利用为主线，搞好优化区域分工和产业布局。本文以生态科学中的生态位理论为基础，基于京津冀一体化的视角，对京津冀三地的主导产业选择问题进行研究，以期为京津冀的协同发展提供指导。

7.7.2 相关理论

用生态学的原理来设计和管理城市建设、产业规划、自然资源与环境保护是建设生态文明、实现可持续发展必须遵循的原则。生态学在解决资源、环境、可持续发展等重大问题上具有重要作用，被称为"自然与社会的桥

---

[1] 张耀军.论京津冀一体化协调发展的路径选择[J].当代经济管理，2014（10）：50-53.
[2] 习近平在京主持召开座谈会，专题听取京津冀协同发展工作汇报[EB/OL].新华网，2014-02-27。

梁"。目前，联合国组织及各国政府都已把生态学的基本原则看作社会可持续发展的理论基础①。

生态学主要理论包括生态位理论、互利共生理论、生态平衡理论和生态系统健康理论等。生态位理论是生态学最重要的基础理论之一。

1. 生态位概念

生态位是指群落中每一个生物物种对特定位置的占据，包括基础生态位和现实生态位。其中，基础生态位是指在没有竞争和捕食条件下的有机体所占有的生态位空间。而现实生态位是指当有竞争和捕食出现时有机体所占有的生态位空间。

2. 生态位的重叠、竞争与分离理论

1934年，高斯提出了生物位理论中的排斥竞争原理，揭示了生态位重叠与分离的基本规律。高斯在草履虫竞争实验中发现：①在同一生境中，不存在两个生态位完全相同的物种；②在一个稳定的群落中，没有任何两个物种是直接竞争者，不同或相似物种必然进行某种空间、时间、营养或年龄等生态位的分异和分离，以达到有序的平衡；③群落是一个相互起作用的、生态位分化的种群系统。由此可知，群落中的种群在其生态位上对群落的空间、时间、资源进行互补非直接竞争的利用。也就是说，两个生物不会发生百分之百的生态位重叠，但通常生态位之间会发生部分重叠。

3. 生态位的扩充与压缩理论

生态位是由多维因子构成的资源环境空间，某一物种生态位的扩充就是对另一物种生态位的入侵，竞争结果导致劣势物种在竞争中被淘汰而释放出所占有的资源空间，同时优势物种的生态位得到了扩充。物种间生态位的竞争是在资源有限或竞争激烈的条件下发生的，由于生物有机体具有互利共生的特质，因此，物种间生态位的扩充不一定是替代关系。随着有机体的发育，它们能改变原有的生态位，通过拓展生态位，创造新的生态位，实现互利共生。因此，互利共生是特定区域内种群之间最为理想的生态关系②。

7.7.3 京津冀主导产业选择研究

1. 北京市产业结构分析

2013年，北京市地区生产总值19500.6亿元，其中第一产业161.8亿元，占比

---

① 邵孝侯，朱亮，姜谋余. 生态学导论 [M]. 南京：河海大学出版社，2005.
② 索贵彬. 河北省资源型城市可持续发展问题研究 [M]. 北京：中国财富出版社，2014.

0.8%，第二产业 4352.3 亿元，占比 22.3%（其中：工业 3536.9 亿元，占比 18.1%，建筑业 815.4 亿元，占比 4.2%）第三产业 14986.5 亿元，占比 76.9%。

北京市规模以上工业增加值见表 7-14。从表 7-14 可以看出，北京市规模以上工业增加值中重工业占 78.16%，轻工业占 21.84%。按照工业增加值比重排列，依次为汽车制造业，电力、热力生产和供应业，计算机、通信和其他电子设备制造业，医药制造业，专用设备制造业，电气机械和器材制造业，通用设备制造业，石油加工、炼焦和核燃料加工业，非金属矿物制品业，仪器仪表制造业，化学原料和化学制品制造业，黑色金属冶炼和压延加工业。

表 7-14　2013 年北京市规模以上工业增加值　　　单位：亿元

行业	轻工业	重工业	计算机、通信和其他电子设备制造业	汽车制造业	电力、热力生产和供应业	黑色金属冶炼和压延加工业	化学原料和化学制品制造业
增加值	749.7	2682.4	304.4	732.3	602.3	13	55.8
占比	21.84	78.16	8.87	21.34	17.55	0.38	1.63
行业	通用设备制造业	专用设备制造业	电气机械和器材制造业	仪器仪表制造业	医药制造业	非金属矿物制品业	石油加工、炼焦和核燃料加工业
增加值	125	158.1	135.4	64.9	254.2	80.5	98.2
占比	3.64	4.61	3.95	1.89	7.41	2.35	2.86

北京市服务业增加值见表 7-15。从表 7-15 可以看出，按照增加值排列，依次为金融业，批发与零售业，信息传输、计算机服务和软件业，租赁和商务服务业，科学研究、技术服务与地质勘查业，房地产业，交通运输、仓储和邮政业，教育，住宿和餐饮业，公共管理与社会组织，文化、体育与娱乐业，卫生、社会保障和社会福利业，居民服务和其他服务业，水利、环境和公共设施管理业。

表 7-15　2013 年北京市服务业增加值　　　单位：亿元

行业	金融业	批发与零售业	信息传输、计算机服务和软件业	租赁和商务服务业	科学研究、技术服务与地质勘查业	房地产业	交通运输、仓储和邮政业
增加值	2822.10	2372.40	1749.60	1536.60	1444.30	1339.50	883.60

续表

行业	教育	住宿和餐饮业	公共管理与社会组织	文化、体育与娱乐业	卫生、社会保障和社会福利业	居民服务和其他服务业	水利、环境和公共设施管理业
增加值	758.20	732.30	597.70	445.30	416.10	133.30	113.00

2. 天津市市产业结构分析

2014年天津市国民经济和社会发展统计公报显示，天津市的产业结构见表7–16。

表7–16 2013年天津市产业结构表

产值	1—12月	±%
1. 地区生产总值（亿元）	14370.16	12.5
第一产业	188.45	3.7
第二产业	7276.68	12.7
工业	6678.60	12.8
建筑业	598.08	11.4
第三产业	6905.03	12.5
交通运输、仓储和邮政业	725.05	10.0
批发和零售业	1902.52	11.2
住宿和餐饮业	241.34	3.8
金融业	1202.04	18.3
房地产业	519.37	11.9
其他服务业	2314.71	12.7
2. 三次产业比重（%）		
第一产业		1.3
第二产业		50.6
第三产业		48.1

天津市2013年工业结构调整呈现积极变化。全年航空航天、石油化工、装备制造、电子信息、生物医药、新能源新材料、轻纺和国防八大优势产业完成工业总产值23578.60亿元，增长12.7%，占规模以上工业的89.3%。高新技术产业完成工业总产值8136.02亿元，增长16.5%，占规模以上工业的30.8%，比2012年提高0.6个百分点。航空航天、新一代信息技术、生物技术与健康、高端装备制造等战略性新兴产业不断发展壮大，产业聚集效应进一步显现。

3. 河北省产业结构分析

2014年河北省国民经济和社会发展统计公报显示，全省生产总值实现28301.4亿元，其中第一产业增加值3500.4亿元，第二产业增加值14762.1亿元，第三产业增加值10038.9亿元，三次产业结构比重依次为12.4∶52.1∶35.5。在第二产业中，全部工业增加值为13194.8亿元，全社会建筑业增加值为1567.3亿元。规模以上工业中，装备制造业增加值占规模以上工业的比重为19.2%；钢铁工业增长10.1%；石化工业增长4.9%；医药工业增长8.7%；建材工业增长7.6%；食品工业增长7.6%；纺织服装业增长14.2%。高新技术产业增加值增长14.2%。其中，高端装备制造、电子信息和新能源三个领域增加值分别增长16.3%、22.0%和10.5%。表7-17为河北省工业分行业利润表，其中只列出了比重大于1%的行业。

表7-17 2013年河北省工业分行业利润表

行业	黑色金属矿采选业	汽车制造业	黑色金属冶炼和压延加工业	电力、热力生产和供应业	化学原料和化学制品制造业	金属制品业	皮革、毛皮、羽毛及其制品和制鞋业	纺织业	非金属矿物制品业	专用设备制造业	石油和天然气开采业
利润（亿元）	512.70	178.10	163.60	150.50	137.90	123.00	111.70	105.70	102.30	98.40	94.70
比重（100%）	20.02	6.95	6.39	5.88	5.38	4.80	4.36	4.13	3.99	3.84	3.70
行业	通用设备制造业	橡胶和塑料制品业	食品制造业	医药制造业	酒、饮料和精制茶制造业	煤炭开采和洗选业	造纸和纸制品业	有色金属冶炼和压延加工业	铁路、船舶、航空航天和其他运输设备制造业	计算机、通信和其他电子设备制造业	纺织服装、服饰业
利润（亿元）	93.50	85.50	55.90	55.10	47.20	34.10	32.10	31.20	30.60	29.90	26.50
比重（100%）	3.65	3.34	2.18	2.15	1.84	1.33	1.25	1.22	1.19	1.17	1.03

4. 京津冀主导产业选择

生态位指群落中每一个生物物种对特定位置（即特定资源与环境）的占据。生态位的重叠、竞争与分离理论揭示：在同一生境中，不存在两个生态位完全相同的物种；群落中的种群在其生态位上对群落的空间、时间、资源进行互补非直接竞争的利用。京津冀区域是一个生态系统，其中的各个产业可视为种群，不同的产业所需要的资源不同，占据相应的生态位。当京津冀各自封闭、自成一体时，分布在各个区域内的相同产业占用各自区域内的资源，彼此之间不会产生直接竞争。而在京津冀一体化快速发展的今天，京津冀三地的藩篱将逐渐被打破，各种自然资源和人造资源将会趋于自由流动。在此背景下，分布在三地的同质型产业势必会因为抢食相同的资源而产生激烈的竞争，再加上自然资源的日益稀缺，其竞争程度也会越来越剧烈，最终会导致大量企业破产，给国家和人民造成巨大损失。为此，京津冀三地要加强沟通和协作，要立足各自的比较优势、立足现代产业分工要求、立足区域优势互补，以资源要素空间统筹规划利用为主线，以优化区域分工、产业布局、产业结构优化升级和实现创新驱动发展作为合作重点，努力实现优势互补、良性互动、共赢发展。

北京市作为全国的首都，集聚了大量的人才、资金、科技成果和信息，而北京市的土地、矿产资源、能源和水资源有限，不宜发展一产和二产。2013年，北京市的三次产业结构为0.8:22.3:76.9，第三产业已占有绝对优势。按照北京市的功能定位、资源环境条件和产业基础，北京市第三产业应优先发展金融业，信息业，教育，科学研究，房地产业，交通运输、仓储和邮政业，公共管理与社会组织，文化、体育与娱乐业，卫生、社会保障和社会福利业，水利、环境和公共设施管理业。根据北京市的产业基础和生态承载力，北京市的工业发展依次为电力、热力生产和供应业，计算机、通信和其他电子设备制造业，仪器仪表制造业等；逐步转移汽车制造业，医药制造业，专用设备制造业，电气机械和器材制造业，通用设备制造业等产业。坚决淘汰黑色金属冶炼和压延加工业，化学原料和化学制品制造业，非金属矿物制品业，石油加工、炼焦和核燃料加工业等高耗能、高污染产业。

天津市作为京津冀中的经济中心，2013年三次产业结构为1.3:50.6:48.1。目前，天津市在第二产业方面要重点发展高新技术产业和新兴战略产业，如航空航天、新一代信息技术、生物技术与健康、高端装备制造、新能源新材料和国防等产业。同时，要大力发展服务业，如金融业、教育、旅游业、房地产业、交通运输、仓储和邮政业等。

在京津冀区域中，河北省的矿产资源、土地资源和水资源等自然资源相对比较丰富，而人才、资金、信息等人造资源比较匮乏。2013年河北省三次产业结构比重依次为12.4∶52.1∶35.5。按照生态位理论，河北省应大力发展第二产业。根据河北省的产业基础和资源环境状况，河北省应主要发展装备制造业、钢铁工业、石化工业、医药工业、建材工业、食品工业、纺织服装业，要做好传统产业的转型升级，同时，要大力发展高端装备制造、电子信息和新能源等战略性新兴产业。

7.7.4 生态位理论用于京津冀主导产业研究可行性与发展性

生态位理论揭示：在同一生境中，群落中的种群在其生态位上对群落的空间、时间、资源进行互补非直接竞争的利用。京津冀区域是一个生态系统，不同的产业所需要的资源不同，占据相应的生态位。因此，用生态位理论分析京津冀主导产业的选择是科学可行的。本文以生态科学中的生态位理论为基础，基于京津冀一体化的视角，对京津冀三地的主导产业选择问题进行了定性分析，以期为京津冀的协同发展提供指导。下一步可以采用数据包络分析，对京津冀三地同质性产业进行效率分析，分析某区域某产业是否无效、无效的原因，以及为提高效率而向其他区域相关产业转移的资源数量，以使相关决策更加科学、有效。

7.8 京津冀采矿业破坏性创新能力评价及创新盈利模式分析

7.8.1 京津冀采矿业破坏性创新研究背景与方法

技术创新是企业的生命，是提高综合国力和国民经济整体素质、解决国家经济发展深层问题的关键。由于我国在许多行业创新能力的落后，使得我国的技术指数排名还落后于很多国家，被看作"非核心创新经济体"。京津冀地区是中国主要的高新技术和重工业基地，传统重工业占比较大，致使该地区近年来能源消费总量居高不下，造成区域能源短缺和环境质量恶化，成为制约京津冀经济、社会和环境可持续发展的瓶颈。京津冀地区的采矿业受到商务成本过高、环境容量有限、资源约束趋紧等因素的制约，与国际先进水

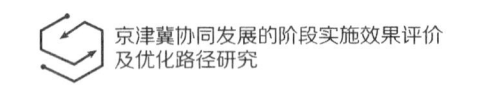

平相比，能源消耗、环境保护和单位产出等指标尚有较大差距。

京津冀地区采矿业如何获得竞争优势并帮助建设美丽中国？一个方案是通过持续性创新逐渐改善自身环境，从市场领导者手中抢夺市场；另一个方案是，通过破坏性创新开辟新的市场，从生产、管理流程全方位进行升级换代。本文借鉴克里斯坦森教授的破坏性创新理论，以京津冀地区 18 个采矿业上市公司为研究对象，分析各个公司 2017 年破坏性创新情况，研究不同公司的破坏性创新特征，并根据行业破坏性创新特征与创新盈利指标进行分类，以分析不同公司的创新盈利模式，为京津冀地区采矿业健康可持续发展提供决策支持。

7.8.2 相关文献评述

在此对近 5 年来有关破坏性创新文献进行梳理。

关于破坏性创新的内涵的研究，Torsten Herzberg、Pete–Thomond 和 Fiona Lettice 等人是其中代表性人物。关于破坏性创新，他们认为是被成功开发出的技术、产品（服务）、流程或商业模式，能够改变现有市场需求，并显著改变竞争规则。也有学者认为，破坏性创新是一类不连续性创新，通过引入新用户或低端用户所看中的偏离主流市场的绩效属性或属性组合的产品（服务），引起部分替代现有主流市场的产品（服务）。破坏性创新不等同于毁灭性创新，破坏性创新并不总是意味着创新创企业可以抢占市场并导致"在位企业"失败。

关于企业破坏性创新的模式，针对不同领域，较多学者提出了各自见解。沈志渔等学者构建了新兴企业开展破坏性创新模式的过程与机制。陈一飞认为可通过低碳住宅产业模块创新与构架创新的互动合作，实现住宅产业的破坏性创新。曹丽艳通过回归分析构建了后发企业开展破坏性创新的"动因—能力—绩效"模型，并据此提出了后发企业创新选择及发展建议。袁媛在实证分析的基础上，提出了包括 R&D 非竞争性战略联盟、组建破坏性创新产品或市场开发团队和构建企业内部风险投资机制在内的中小企业开展破坏性创新、提高企业绩效的 3 条途径。

7.8.3 指标、数据与测度

1. 行业破坏性创新指标体系构建

关于破坏性创新，大多数学者认同，破坏性创新是被成功开发出的流程、技术、产品（服务）或商业模式，本文从这4个方面构建行业破坏性创新特征指标体系。指标含义及其功效性见表7-18。

表7-18 行业破坏性创新指标体系

目标层	指标层	单位	指标含义	作用	功效性
流程	库存周转率 D_1	%	销售总额与库存平均价值之比	反映创新引致企业资金利用效率变化情况	+
	营销效率 D_2	%	销售收入与销售费用的比率	反映创新引致企业营销活动效率变化情况	+
技术	专利授权数 D_3	件	该指标反映创新技术的数量	反映企业创新技术的数量	+
产品	新产品销售收入占工业销售产值比重 D_4	%	该指标反映创新技术替代情况	反映创新技术替代情况	+
商业模式	固定资产周转率 D_5	%	销售总额与固定资产之比	反映创新引致企业固定资产利用程度变化情况	+
	流动比率 D_6	%	流动资产与流动负债之比	反映创新引致企业偿还流动债务能力的变化	+
	盈利比率 D_7	%	利润与销售额的比例	反映创新引致企业盈利程度变化情况	+

2. 数据来源及处理

根据上述指标体系，按照地区分类和2012证券会行业分类在国泰安数据库中进行代码搜索，筛选出京津冀地区所属煤炭开采和洗选业、石油和天然气开采业、黑色金属矿采选业、有色金属矿采选业、非金属矿采选业、开采辅助活动、其他采矿业的所有上市公司股票代码，统计出所属采矿业的公司有18家。再根据股票代码查阅各上市公司2017年财务报告，得到各公司主营业务利润占比、营业利润率、销售费用率、流动比率、存货周转率、固定资产周转率、专利授权数、研发投入、营业收入共计9个指标。首先，根据指标含义分别计算出各指标对应数值；其次，对一些变动较大的异常值进行处理；最后，为了确保数据间可比性，消除指标单位影响，对各个指标进行归一化处理。

3. 测度方法与结果

为解决多指标综合评价中的评价指标赋权问题和指标之间的相关性问题，本文采用主成分分析法，运用SPSS软件进行。为了判断原始数据是否适合做主成分分析，本文首先利用SPSS软件对采矿业破坏性创新指标体系各内部指标进行相关性分析，发现其存在较强的相关性，适合进行主成分分析。

进一步进行主成分分析，结果显示：采矿业破坏性创新特征指标可以提取存在3个主成分，结果见表7-19。

表7-19 主成分的方差贡献率及累计方差贡献率

指标体系	主成分	特征根	方差贡献率（%）	累计方差贡献率（%）
破坏性创新特征指标体系	F1	1.61	42.16	42.16
	F2	1.26	25.27	67.42
	F3	0.93	18.58	86.00

根据上述成分得分系数得到每个主成分的效益，然后以每个主成分的特征根作为权数，利用公式 $f = (\lambda_1 * F_1 + \lambda_2 * F_2 + \lambda_3 * F_3) / (\lambda_1 + \lambda_2 + \lambda_3)$ 对每个主成分进行加权加总，计算出采矿业破坏性创新特征综合得分并进行排序，结果见表7-20。

表7-20 采矿业破坏性创新特征综合得分及排序

序号	公司简称	股票代码	f_1	f_2	f_3	S	排名
1	盛达资源	000603	1.59	1.39	-0.92	0.91	1
2	中色股份	000758	0.81	-0.22	-2.15	-0.26	13
3	河北宣工	000923	-0.80	-0.78	-0.66	-0.76	17
4	冀中能源	000937	-0.03	-0.26	0.40	-0.00	11
5	惠博普	002554	-0.77	-0.47	-0.73	-0.66	16
6	恒泰艾普	300157	-0.84	-0.46	-0.51	-0.63	15
7	潜能恒信	300191	-2.63	-0.55	0.15	-1.26	18
8	中国石化	600028	1.68	-2.11	1.07	0.27	6
9	中金黄金	600489	0.32	0.45	-1.21	-0.01	12
10	海油工程	600583	-0.71	1.66	0.41	0.35	5
11	*ST油服	600871	0.16	0.95	-0.05	0.37	4
12	中国神华	601088	0.10	-0.08	0.72	0.19	7
13	昊华能源	601101	-0.27	-0.21	0.79	0.01	9
14	中海油服	601808	-0.08	1.44	1.83	0.89	2
15	中国石油	601857	0.86	-1.39	0.56	0.04	8
16	中煤能源	601898	-0.30	-0.64	0.02	-0.33	14
17	博迈科	603727	0.75	0.76	1.27	0.88	3
18	金诚信	603979	0.17	0.52	-0.97	0.01	10

7.8.4 京津冀采矿业破坏性创新特征比较分析

1. 创新模式分类

根据不同技术创新的特点，可将创新模式分为激励性创新、自发性创新、强制性创新以及盲目性创新四大类，主要特点见表 7-21。

表 7-21 创新模式的特点

类型	概念	特点	优点	缺点
激励性创新	创新主体依靠自己的知识产权、核心技术迅速占领市场，获得大量利润的同时又不断开发出适合市场需求的新技术	技术转化效率高	提升竞争力产品差异化明显	研发成本高市场拓展难度大开发风险较高
自发性创新	创新主体自发进行技术和管理创新，保持一定产品更新率来稳定经济效益增长	创新模仿较多	研发投入成本低	很难开拓新市场
强制性创新	创新主体现有的盈利能力较低，迫使其进行创新变革，但变革的力度不够	创新急迫性高实力不足	研发投入力度大	存在市场进入壁垒、存在被动性
盲目性创新	创新主体对其各个领域的发展都有创新投入，具有盲目性，没有达到技术变革效益最大化	技术转化率低	创新多元化风险低	投入成本高共同目标难以明确

2. 采矿业创新盈利模式选择

根据四大创新模式的特点，在此利用四象限模型，对 18 个京津冀地区采矿业上市公司进行分类。以破坏性创新特征综合得分为横轴，创新盈利能力为纵轴，以破坏性创新特征得分和创新盈利能力的中位数为界，破坏性创新特征综合得分高于中位数值则表明破坏性创新特征明显，反之表明维持性创新特征明显，得到京津冀采矿 18 个企业分布及其技术创新盈利模式见图 7-9。

第一象限的特点是破坏性创新特征明显，创新能力较强，具有较高的创新盈利能力。代表性上市公司有 000603（盛达资源）、600028（中国石化）、601088（中国神华）、601857（中国石油）、603727（博迈科）。这类公司应该选择激励性创新模式。这类行业拥有自主专业技术知识以及专业技术人员，行业技术更新替代速度较快，应鼓励其通过自主创新推动行业发展，促进新产品开发。当技术创新难度较大时，企业应与高校、科研机构以及其他企业

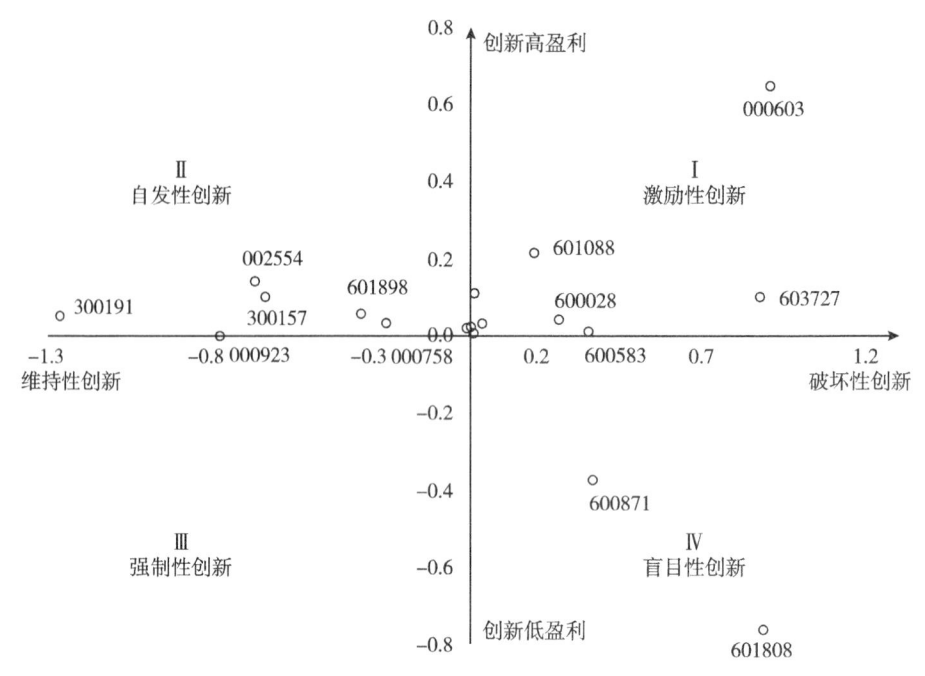

图 7-9 京津冀上市公司创新盈利模式比较

合作，促进高端技术的研发创新，同时有效提高技术转化效率。

第二象限的特点是破坏性创新特征不明显，创新盈利能力维持在 0.2 以内。主要包含上市公司有 000758（中色股份）、002554（惠博普）、300157（恒泰艾普）、300191（潜能恒信）、601898（中煤能源）。此类公司的创新盈利模式一般为自发性创新，行业技术更新周期较长，其维持性创新较为明显。这类企业缺乏自主知识技术支撑，创新能力较弱，难以实现自主创新，可以通过合作创新实现创新和盈利能力的提升。

第四象限的特点是创新主体对其各个领域的发展都有创新投入，具有盲目性，没有达到技术变革效益最大化，具备较高创新能力的同时处于较低的盈利水平。所包含的上市公司有 600871（*ST石化油服）和 601808（中海油服），此类公司的破坏性创新能力较强，但研发成果转化效率较低，创新与生产力发展不能有效结合，公司盈利能力低下。

京津冀地区 18 家采矿业上市公司中，没有处于第三象限的企业。

3. 行业及地区模式选择偏好

根据图 7-9，将 18 家上市公司按照所属行业及地区进行划分，结果见表 7-22。

表 7-22 行业及地区所属象限划分

行业及地区	第一象限	第二象限	第三象限	第四象限	x 轴	y 轴
煤炭开采和洗选业	1	1	0	0	1	1
石油和天然气开采业	2	0	0	0	0	0
黑色金属矿采选业	0	0	0	0	1	0
有色金属矿采业	1	1	0	0	0	1
开采辅助活动	1	3	0	2	1	1
北京	4	5	0	1	1	2
天津	1	0	0	1	1	0
河北	0	0	0	0	1	1

第一、二象限中较为突出的是石油和天然气开采业以及开采辅助活动。第一象限中，石油和天然气开采业破坏性创新能力较强，代表性的公司为中国石油及中国石化。中国石油年度总研发投入达到 175.65 亿元，资本化率为 36.1%；中国石化全年申请境内外专利 5612 件，获得境内外专利授权 3942 件，研发投入以及专利授权数都处于业内顶尖水平。这类公司应积极落实创新驱动发展战略，发挥科技创新的引领作用。第二象限代表性的公司为潜能恒信及惠博普。潜能恒信研发投入 1052.7 万元，资本化率为 8.11%；惠博普研发投入为 5080.4 万元，未形成资本。研发过程中形成有效成果较少，不能支撑公司创新发展战略，处于一个维持创新阶段，为了维持企业正常的发展和保持现有市场份额而进行技术和管理的创新，目的是保持一定的产品更新率来稳定经济效益的增长。

坐标轴上较为突出的是煤炭开采和洗选业。横轴上的典型公司为昊华能源，位于原点附近，全年专利授权数为 27 件，研发投入未形成资本，其破坏性创新能力及盈利能力均处于较低水平，创新投入对公司盈利的提升影响力较小，不能显著拉升收入水平。纵轴上的典型公司为冀中能源，专利授权数为 4 件，研发投入未形成资本，且其盈利比率为 0.02，创新投入转化效率低，成果较少，很难将研发与产出相结合。综上，煤炭开采和洗选业半数公司处于坐标轴上，属于畸形的创新盈利模式，急需要做出调整，落实创新驱动发展战略的同时将创新作为盈利的支撑点。

从地区分布角度分析，北京地区的 13 家上市公司中，4 家位于第一象限，5 家位于第二象限，北京地区上市公司多在纵轴的上半部分，说明北京地区上市公司整体盈利水平较高且创新能力较强；天津地区的 3 家上市公司中，1 家位于第一象限，1 家位于第四象限，创新能力均较强，但盈利比率呈现两极化现象，说明天津地区上市公司内部互补性较差，帮协性不强；河北地区的 2 家上市公司均位于坐标轴上，创新和盈利互促作用不明显。

7.8.5　京津冀采矿业破坏性创新发展重点

在京津冀协同发展的框架下，党的十九大报告提出以疏解北京非首都功能为"牛鼻子"推动京津冀协同发展以及实行最严格的生态环境保护制度的要求。以下几点值得关注：

（1）加大采矿业破坏性创新力度。采矿业企业采用破坏性创新可以使创新效益显著增强，对公司的生产链、供应链、管理层级进行全面的创新改革，采用先进的提纯技术，使低品位矿也能循环利用起来。企业要将具有替代性的非主流技术应用于当前非主流市场，通过率先占领被主流技术忽视的非主流市场，最终实现对主流技术的替代。

（2）破坏性创新要注重盈利性。由于市场信息不对称和存在创新误区的风险，易造成企业盲目投入资本对不相关领域进行创新研究，技术转化率低导致创新效益低下。因此，企业要对市场做充分了解，同时考察自身生产流程、管理流程等环节的创新点，选择关键的目标节点进行创新突破，降低创新风险，提高创新盈利能力。

（3）要注重绿色创新。企业发展的持续性不仅表现在利润的持续增长，也体现在社会责任的持续承担。创新的可持续性不仅要注重创新经济效益的持续增长，也要注重对社会、自然资源、环境的持续改善。"绿色矿山""智慧矿山"的提出都明确了采矿业的可持续发展方向。因此，企业在制定技术发展路线时要加入对自然生态保护的评估，以技术促发展的同时以技术促生态和谐。

7.9　京津冀高新技术产业科技研发水平研究

7.9.1　京津冀高新技术产业科技研发水平现状

技术创新是民族进步的灵魂，是国家兴旺发达的持久动力，经济是可持续发展的必然之路。高新技术产业的发展进程影响着我国传统产业的发展程度、产业结构优化调整的速度及产业整体的竞争力。自"863"计划和"火炬"计划实施以来,我国高新技术产业发展迅速,各地纷纷建立高新技术产业开发园区,并正逐渐形成产业规模。自 1957 年索罗用全要素生产率成功测度技术创新对经济增长的贡献率后,技术创新就跃居资本和劳动之上,成为推动经济增长、提高产业竞争力的最重要力量。京津冀地区作为国家重点规划建设的区域经济发展龙头,战略地位十分重要,在政治、经济、技术、地理等诸多方面具有有利因素,高新技术产业增长迅猛。

北京作为首都,在京津冀地区经济和技术发展中处于绝对中心地位,占有众多的有利政策和发展条件,高新技术产业的发展能够吸引大量优秀创新人才。天津作为我国北方最大的港口城市,拥有便利的交通和物流优势,滨海高新技术产业开发区作为地区高新技术产业落户基地发挥着重要的推动作用。虽然河北省环绕京津,但区位优势并没有有效转化为发展的动力,河北省高新技术产业的发展与京津两地的差距十分明显,高新技术产业规模较小、高新技术产业园区重复建设、特色不明显、比较优势没有得到充分发挥、人才吸引能力较弱,"灯下黑"效应十分显著,严重制约着河北省高新技术产业的发展。随着京津冀协同发展规划纲要的出台,京津冀三地将作为一个整体协同发展,以疏解非首都核心功能、解决北京"大城市病"为基本出发点,推进产业升级转移,加快市场一体化进程。河北省高新技术产业要实现与京津协同发展,就必须实施产业结构转型升级,提升高新技术产业科技研发水平和效率。

本文在京津冀协同发展背景下,应用主成分分析法对比研究京津冀三地高新技术产业的科技研发水平,寻找河北省高新技术产业科技研发水平的差距,并就河北省高新技术产业如何与京津协调发展提出合理建议。

7.9.2 京津冀高新技术产业发展现状分析

高新技术产业是指用当代尖端技术(主要指信息技术、生物工程和新材料等领域)生产高新技术产品的产业群,根据《中国高新技术产业统计年鉴》显示,我国高新技术产业主要包括医药制造业、航空航天器及设备制造业、电子及通信设备制造业、计算机及办公设备制造业和医疗仪器设备及仪器仪表制造业 5 大类。本节首先通过比较京津冀三地高新技术产业资产规模、利润总额、从业人员等经营指标,了解京津冀地区高新技术产业整体发展状况,然后对比分析京津冀三地 5 类高新技术产业的生产经营状况。

通过对《中国高新技术产业统计年鉴 2014》中相关经营指标数据的统计,对比分析京津冀三地高新技术产业发展差距(见表 7-23)及 5 大类高新技术产业发展差距（见表 7-24）。

表 7-23　京津冀地区高新技术产业发展规模对比

地区	北京 2012	北京 2013	天津 2012	天津 2013	河北 2012	河北 2013
企业数（个）	760	782	587	585	433	504
从业人员（人）	282589	287281	295597	271138	182291	197432
资产总计（亿元）	4178	4229.78	2379.2	2739.80	1234.3	1460.11
主营业务收入（亿元）	3569.9	3826.11	3526.9	4243.47	1204.5	1380.99
利润总额（亿元）	235.6	292.37	247.7	297.86	79.7	107.78
利税（亿元）	320.4	402.68	408	546.56	120	155.89

从表 7-23 显示可以看出，河北省与京津两地在高新技术企业、从业人员、资产规模、收入水平、盈利能力等方面有较大差距，虽然河北省高新技术企业数量增长较快，但数量的快速增长并没有带来整体规模、盈利水平的增长，使得河北省高新技术企业落地的积极性不强、高端优秀人才的吸引能力较低，导致河北省高新技术产业发展速度落后于京津两地。

表 7-24　京津冀地区 5 大类高新技术产业发展规模对比

北京	企业数（个）	从业人员（人）	资产总计（亿元）	主营业务收入（亿元）	利润总额（亿元）	利税（亿元）
医药制造业	203	72023	946.48	628.03	110.86	169.45
航空、航天器及设备制造业	26	23792	279.84	151.47	12.67	15.09
电子及通信设备制造业	259	123419	1831.63	1952.59	95.50	123.16
计算机及办公设备制造业	51	19524	589.47	698.46	19.42	21.57
医疗仪器设备及仪器仪表制造业	243	48523	582.36	395.57	53.92	73.41
天津	企业数（个）	从业人员（人）	资产总计（亿元）	主营业务收入（亿元）	利润总额（亿元）	利税（亿元）
医药制造业	117	46566	685.10	524.01	60.24	106.25
航空、航天器及设备制造业	17	2502	584.92	445.20	31.27	42.68

续表

河北	企业数（个）	从业人员（人）	资产总计（亿元）	主营业务收入（亿元）	利润总额（亿元）	利税（亿元）
电子及通信设备制造业	341	191309	1266.91	2934.92	172.84	347.67
计算机及办公设备制造业	17	17034	108.63	252.84	27.33	40.20
医疗仪器设备及仪器仪表制造业	93	13727	94.24	86.50	6.19	9.76
医药制造业	229	87504	843.47	856.87	59.27	89.00
航空、航天器及设备制造业	3	5394	50.48	18.32	1.04	1.25
电子及通信设备制造业	164	81599	438.33	395.56	33.75	47.54
计算机及办公设备制造业	9	3041	13.94	11.19	0.77	0.97
医疗仪器设备及仪器仪表制造业	99	19894	113.89	99.04	12.95	17.13

从表7-24可以看出，北京作为首都相较于天津、河北两地，在高端制造业具有显著优势，5大类高新技术产业的发展规模及人才吸引均高于天津、河北，天津的优势高新技术产业为电子及通信设备制造业，高新技术企业众多、收入水平高、盈利能力较强，而河北省与京津地区的差距明显，医药制造业和医疗仪器设备及仪器仪表制造业作为河北省优势产业虽然相关企业数量较多，但并没有转化为优势，资产规模、收入水平及盈利能力仍显著落后于北京、天津地区，其他的航空航天、电子通信、计算机等设备制造业更加落后于北京、天津。河北省高新技术产业的规模化发展仍有较大的发展空间。

7.9.3　京津冀高新技术产业科技研发水平研究

科技研发是高新技术产业能够保持持续发展的关键，科技研发水平直接决定了河北省高新技术产业能否对接京津、保持快速发展。本文采用主成分分析法对京津冀三地高新技术产业科技研发水平进行综合评价，以期能够深入了解河北省高新技术产业科技研发水平与北京、天津的差距，以及造成差距的各项影响因素。

1. **科技研发投入产出指标体系**

高新技术产业的科技研发活动是一项复杂的系统过程，技术创新活动不是由单个独立的变量决定的，而是由一群有直接或间接联系的因素通过不同作用方式在特定的区域与历史条件下共同决定的，因此需考虑技术创新过程的各方面因素。对科技研发投入产出要素的综合测评离不开评价指标体系的构建，建立高新技术产业科技研发水平评价指标体系必须能够充分体现技术创新活动投入产出的过程。根据科技研发过程中的投入产出要素，将科技研发指标体系分为技术创新投入、技术创新产出及创新环境三部分（见表7-25）。

表7-25 河北省高新技术产业科技研发评价指标体系

一级指标	二级指标	三级指标
技术创新投入	人员投入	R&D 人员（人）（x_1）
		R&D 人员折合全时当量（人年）（x_2）
	资金投入	R&D 经费内部支出（万元）（x_3）
		政府 R&D 资金投入（万元）（x_4）
		R&D 经费外部支出（万元）（x_5）
		新产品开发经费支出（万元）（x_6）
	技术引进	引进技术经费支出（万元）（x_7）
		消化吸收经费支出（万元）（x_8）
		技术改造经费支出（万元）（x_9）
技术创新产出	新产品	新产品开发项目数（项）（x_{12}）
		新产品销售收入（万元）（x_{13}）
		新产品出口（万元）（x_{14}）
	科技成果	专利申请数量（件）（x_{15}）
		有效发明专利（件）（x_{16}）
技术创新环境	研发环境	研发机构数（个）（x_{10}）
		研发机构人员（人）（x_{11}）
	运营环境	出口交货值（亿元）（x_{17}）
		主营业务收入（亿元）（x_{18}）

2. **主成分分析过程**

根据以上建立的综合评价指标体系，运用主成分分析法对京津冀地区高新技术产业科技研发水平的投入产出要素进行综合评价，以期得到影响产业技术创新的主要因素。评价指标数据源于《中国高新技术产业统计年鉴》《中国科技统计年鉴》《北京统计年鉴》《天津统计年鉴》《河北经济年鉴》，时间区间为2004—2013年共10年。主成分分析的具体过程以2013年为例，其他年份只显示分析结果。

由于评价指标体系中存在不同量纲的指标，为排除量纲不同对数据分析的影响，首先需要对原始数据做无量纲化处理，即标准化，经过处理后的数据仍包含原始数据的信息，处理过程在 SPSS 内完成。

主成分分析是利用降维的思想，在力保数据信息损失最少的原则下，把多个指标转化为少数几个综合指标的一种多变量数据进行最佳综合简化的多元统计方法，主成分是原始变量的线性组合，且主成分之间互不相关，并不会丢掉原始数据的主要信息。根据标准化后的数据，用 SPSS 20.0 对 2013 年京津冀三地高新技术产业科技研发水平评价指标做主成分分析，首先得到方差贡献表（见表 7-26）。

表 7-26 方差贡献表

成分	初始特征值 合计	方差的（%）	累积（%）	提取平方和载入 合计	方差的（%）	累积（%）
1	14.239	79.107	79.107	14.239	79.107	79.107
2	3.761	20.893	100	3.761	20.893	100
3	6.18×10^{-16}	3.43×10^{-15}	100			
4	3.40×10^{-16}	1.89×10^{-15}	100			
5	2.94×10^{-16}	1.63×10^{-15}	100			

由方差贡献表可知，提取了两个主成分，可称为 f_1、f_2，这两个成分的特征根大于 1，且这 2 个主成分的累计方差贡献率为 100%，即这 2 个主成分保留了原始数据 100% 的信息，说明降维提取的这 2 个主成分是比较合适的。同时得到的因子荷载矩阵表（见表 7-27）、主成分得分系数矩阵（见表 7-28）。

表 7-27 因子荷载矩阵

指标	成分 f_1	f_2	指标	f_1	f_2	指标	f_1	f_2
x_1	0.963	0.268	x_7	0.995	-0.103	x_{13}	0.768	-0.64
x_2	0.982	0.189	x_8	-0.877	0.48	x_{14}	0.475	-0.88
x_3	0.979	0.204	x_9	-0.878	0.478	x_{15}	0.996	0.095
x_4	0.903	0.429	x_{10}	0.895	0.447	x_{16}	0.988	0.152
x_5	0.811	0.585	x_{11}	0.994	0.113	x_{17}	0.646	-0.764
x_6	0.955	0.298	x_{12}	0.952	0.308	x_{18}	0.761	-0.649

表7-28 主成分得分系数矩阵

指标	成分 f_1	成分 f_2	指标	成分 f_1	成分 f_2	指标	成分 f_1	成分 f_2
x_1	0.068	0.071	x_7	0.07	-0.027	x_{13}	0.054	-0.17
x_2	0.069	0.05	x_8	-0.062	0.128	x_{14}	0.033	-0.234
x_3	0.069	0.054	x_9	-0.062	0.127	x_{15}	0.07	0.025
x_4	0.063	0.114	x_{10}	0.063	0.119	x_{16}	0.069	0.04
x_5	0.057	0.155	x_{11}	0.07	0.03	x_{17}	0.045	-0.203
x_6	0.067	0.079	x_{12}	0.067	0.082	x_{18}	0.053	-0.172

根据主成分得分系数矩阵，可以得到两个主成分的得分，在SPSS中操作得到2013年京津冀高新技术产业科技研发的主成分得分（表7-29）。

表7-29 主成分得分表

年份	f_1得分	f_2得分
北京	1.02597	0.52984
天津	-0.05413	-1.15343
河北	-0.97184	0.62359

根据上述两个主成分因子的得分表，以每个主成分的特征根为权数（特征根分别为 $\lambda_1 = 14.239$、$\lambda_2 = 3.761$），对每个主成分进行加权加总，建立京津冀高新技术产业科技研发水平评价模型：

$$F = \frac{\lambda_1}{\lambda_1 + \lambda_2}f_1 + \frac{\lambda_2}{\lambda_1 + \lambda_2}f_2 \qquad (7.14)$$

即 $F = 0.7911 * f_1 + 0.2089 * f_2$，将京津冀主成分得分代入公式，得到京津冀高新技术产业2013年科技研发水平，以此主成分分析过程，可得到2004—2012年京津冀高新技术产业科技研发水平（见表7-30、图7-10）。

表7-30 2013年京津冀高新技术产业科技研发水平

年份	北京	天津	河北
2004	0.31	0.52	-0.82
2005	0.18	0.61	-0.79
2006	0.51	0.33	-0.84
2007	0.68	0.21	-0.89
2008	0.66	0.26	-0.92
2009	0.89	-0.27	-0.62

续表

年份	北京	天津	河北
2010	0.65	0.25	-0.9
2011	0.97	-0.25	-0.72
2012	0.91	-0.26	-0.65
2013	0.92	-0.28	-0.64

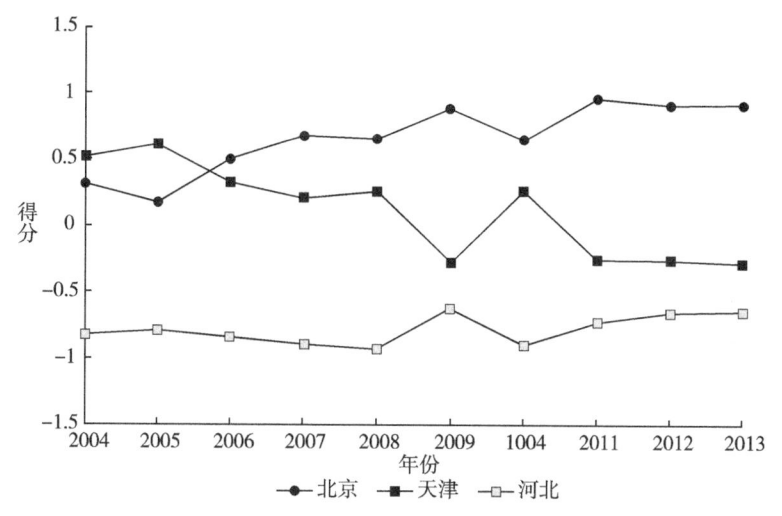

图7-10 京津冀高新技术产业科技研发水平变化对比

3. 结果分析

从纵向来看，京津冀高新技术产业科技研发水平变化不一，整体来看，北京和河北呈稳定增长走势，天津则呈逐步下降走势，且波动较明显。河北省高新技术产业科技研发水平变化走势以2009年为分界点，大致可分为两个阶段：一是金融危机之前，河北省高新技术产业起步缓慢，多年来的研发水平较低，变化较稳定；二是金融危机之后，河北省产业结构加速转型，加速向新兴服务业、高端制造业等转型，科技研发水平、技术创新能力增长较显著。而天津市高新技术产业科技研发水平在波动中持续下降，这与天津市GDP增速持续下降、低迷经济发展走势相近。北京作为国家首都，政策资源优厚，吸引着大量优秀人才落地，高新技术产业发展迅速，科技研发水平稳步提升。

从横向来看，河北省依然落后于北京和天津，与北京差距显著，而与天津的差距日趋减小，河北省在政策倾斜、发展条件、技术创新、人才引进等方面与京津两地仍有不小差距，在京津冀协同发展背景下，如何提升高新技术产业科技研发水平及创新能力将是河北省高新技术产业能否可持续发展的关键。

参考文献

[1] 赵素彦,李曼,索贵彬. 三维视角下资源型城市的可持续发展探究[J]. 中国市场,2022(02):23-24+37.

[2] 索贵彬,李曼,赵素彦. 资源环境约束下京津冀协同高质量发展研究[J]. 河北地质大学学报,2021,44(06):117-121.

[3] 安海岗,张翠芝,赵素彦. 复杂网络视域下京津冀及周边城市空气质量空间关联、季节演化与协同治理[J]. 河北地质大学学报,2021,44(05):112-118.

[4] 赵素彦,董志良,刘森. 复杂网络视角下铬铁矿国际贸易时空格局及其演化特征研究[J]. 中国矿业,2021,30(05):65-71.

[5] 薛捷. 破坏性创新理论述评及推进策略[J]. 管理学报,2013,10(5):768-774.

[6] 方文静. 中小企业破坏创新选择的比较分析[J]. 中国西部科技,2011,10(3):70-71.

[7] 沈志渔. 基于破坏性创新的新兴企业成长路径研究[J]. 首都经济贸易大学学报,2014,16(1):90-96.

[8] 陈一飞. 低碳背景下住宅产业破坏性创新发展研究[J]. 软科学,2012,27(7):15-17.

[9] 孙金曼,王帮俊. 基于灰色理论的大中型采矿业企业技术创新影响因素分析[J]. 科技管理研究,2012(09):5-8.

[10] 陶晓红,齐亚伟. 中国区域经济时空演变的加权空间马尔可夫链分析[J]. 中国工业经济,2013(05):31-43.

[11] 张学波,陈思宇,廖聪,等. 京津冀地区经济发展的空间溢出效应[J]. 地理研究,2016,35(09):1753-1766.

[12] 唐秀美,郜允兵,刘玉,等. 京津冀地区县域人均GDP的空间差异演化及其影响因素[J]. 北京大学学报(自然科学版),2017,53(06):

1089-1098.

[13] 侯孟阳,姚顺波.1978—2016年中国农业生态效率时空演变及趋势预测[J].地理学报,2018,73(11):2168-2183.

[14] 李建春,袁文华.基于GIS格网模型的银川市土地生态安全评价研究[J].自然资源学报,2017,32(06):988-1001.

[15] 谢福泉,胡锈腾.上海制造业行业创新破坏性特征与创新模式选择[J].科技进步与对策,2015(13):69-75.

[16] 陈冬冬.京津冀地区城市生态效率的时空分异及管理模式研究[D].武汉:湖北大学,2017.

[17] 崔铁宁,张聪.基于生态位理论的京津冀城市生态文明评价[J].环境污染与防治,2015,37(6):101-110.

[18] 陈润羊,张贵祥,胡曾曾,等.京津冀区域生态文明评价研究[J].环境科学与技术,2018(6):188-196.

[19] 胡悦,金明倩,王溧等.京津冀生态文明发展水平测度与分析研究[J].科技管理研究,2018(5):243-252.

[20] [美]克莱顿·克里斯坦森.创新者的窘境[M].胡建桥,译.北京:中信出版社,2010.

[21] 曹丽艳.后发企业的创新选择及其破坏性创新的路径研究[D].哈尔滨,哈尔滨理工大学,2013.

[22] 袁媛.基于破坏性创新的中小企业绩效改善研究[D].天津:天津理工大学,2013.

[23] 张娜.京津冀城市群协同发展路径分析[J].人民论坛·学术前沿,2020,186(02):88-91.

[24] 程恩富,王新建.京津冀协同发展:演进、现状与对策[J].管理学刊,2015,28(01):1-9.

[25] 薄文广,陈飞.京津冀协同发展:挑战与困境[J].南开学报(哲学社会科学版),2015(01):110-118.

[26] 庞璐.创新生态系统视角下京津冀高新技术产业协同创新能力研究[D].天津:河北工业大学,2016.

[27] 田励平,刘浩,高建立,等.河北省承接产业转移能力评价与路径选择——基于京津冀协同发展视角[J].商业经济研究,2016(20):201-204.

[28] 张健,许志程.京津冀规模以上工业企业产学研协同创新评价:

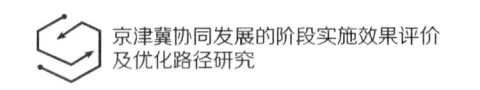

DEA 分析［J］. 商业经济, 2016（1）: 38-40.

［29］耿海清, 李天威. 基于 SWOT 分析的京津冀城市群协同发展制度评价［J］. 环境影响评价, 2017, 39（5）: 21-25.

［30］冯怡康, 王雅洁. 基于 DEA 的京津冀区域协同发展动态效度评价［J］. 河北大学学报（哲学社会科学版）, 2016, 41（2）: 70-74.

［31］周雪姣. 新发展理念下京津冀综合发展指数研究［D］. 石家庄: 河北经贸大学, 2017.

［32］尹向来. 城市群内部协同发展比较研究——以京津冀和长三角城市群为例［D］. 济南: 山东师范大学, 2019.

［33］李秋芳, 王杨, 丁学英, 等. 基于 GIS 的石家庄地区 PM_{10} 和 $PM_{2.5}$ 时空分布研究［J］. 中国环境监测, 2020, 36（2）: 173-184.

［34］郭永, 巫瑞, 梁申颖. 金融集聚对区域经济发展的影响研究——以中原城市群为例［J］. 金融理论与实践, 2022（09）: 33-43.

［35］黄杰, 李倩倩, 钟朋舒. 中国八大城市群经济韧性的空间差异与动态演进［J］. 统计与决策, 2022, 38（17）: 91-96.

［36］孙铁山, 张洪鸣, 李佳洺. 城市网络联系对城市群空间体系集聚水平的影响——基于2003—2018年中国12个城市群面板数据的实证［J］. 地理研究, 2022, 41（09）: 2350-2366.

［37］徐现祥, 舒元. 中国省区经济增长分布的演进（1978—1998）［J］. 经济学（季刊）, 2004（02）: 619-638.

［38］闫军印, 侯孟阳. 我国矿产资源型产业技术创新能力分布的动态演进研究——基于 Kernel 密度和马尔可夫链分析［J］. 科技管理研究, 2015, 35（19）: 88-93.

［39］叶阿忠. 多元非参数计量经济模型的变窗宽局部线性估计［J］. 数学的实践与认识, 2005（10）: 96-100.

［40］熊薇, 徐逸伦, 王迎英. 江苏省县域经济差异时空演变［J］. 地理科学进展, 2011, 30（02）: 224-230.

［41］任宇飞, 方创琳. 京津冀城市群县域尺度生态效率评价及空间格局分析［J］. 地理科学进展, 2017, 36（01）: 87-98.

［42］何一鸣, 蒲英霞, 王结臣, 等. 基于马尔可夫链的四川省产业结构时空演变［J］. 中国人口·资源与环境, 2011, 21（04）: 68-75.

［43］王少剑, 王洋, 赵亚博. 1990年来广东区域发展的空间溢出效应及

驱动因素 [J]. 地理学报, 2015, 70 (06): 965-979.

[44] 岳汉秋, 齐建伟, 陈延辉, 等. 基于百度迁徙数据的中国三大城市群网络结构中心性和对称性分析 [J]. 测绘通报, 2022 (08): 110-116.

[45] 刘强, 李泽锦. 产业结构升级与区域经济协调发展——来自省域与城市群的经验证据 [J]. 经济学家, 2022 (08): 53-64.

[46] 熊鹰, 李亮, 孙维筠, 等. 环长株潭城市群城际空间联系演化分析 [J]. 经济地理, 2022, 42 (07): 73-81.

[47] 杨伟民. 贯彻中央经济工作会议精神推动高质量发展 [J]. 宏观经济管理, 2018 (02): 13-17.

[48] 何立峰. 深入贯彻新发展理念推动中国经济迈向高质量发展 [J]. 宏观经济管理, 2018 (04): 4-5+14.

[49] 刘迎秋. 四大对策应对高质量发展四大挑战 [N]. 中华工商时报, 2018-01-23 (003).

[50] 林兆木. 关于我国经济高质量发展的几点认识 [J]. 冶金企业文化, 2018 (01): 26-28.

[51] 方敏, 杨胜刚, 周建军. 高质量发展背景下长江经济带产业集聚创新发展路径研究 [J]. 中国软科学, 2019, 341 (05): 142-155.

[52] 王一鸣. 大力推动我国经济高质量发展 [J]. 人民论坛, 2018 (09): 32-34.

[53] 詹新宇, 崔培培. 中国省际经济增长质量的测度与评价——基于"五大发展理念"的实证分析 [J]. 财政研究, 2016, (008): 40-53+39.

[54] 方大春, 马为彪. 中国省际高质量发展的测度及时空特征 [J]. 企业活力, 2019, 000 (002): 61-70.

[55] 华坚, 胡金昕. 中国区域科技创新与经济高质量发展耦合关系评价 [J]. 科技进步与对策, 2019 (8): 19-27.

[56] 孟祥兰, 邢茂源. 供给侧改革背景下湖北高质量发展综合评价研究——基于加权因子分析法的实证研究 [J]. 数理统计与管理, 2019, 38 (04): 675-687.

[57] 熊晓轶, 王蒙蒙. 协同治理视角下京津冀地区流通产业同质化的演变逻辑 [J]. 商业经济研究, 2022 (08): 166-169.

[58] 戴一鑫, 胡沅洪, 李杏. "四维"创新体系协同与地区经济增长质量 [J]. 技术经济, 2022, 41 (03): 13-24.

[59] 任爱华，刘玲，刘洁．协同发展还是虹吸效应？——来自京津冀地区的"动态"多维评估［J］．经济体制改革，2022（01）：59－66．

[60] 王芳．基于耦合协调度模型的生态系统与经济系统协同发展研究——以京津冀地区为例［J］．湖北社会科学，2021（06）：64－72．

[61] 孙久文，卢怡贤，易淑昶．高质量发展理念下的京津冀产业协同研究［J］．北京行政学院学报，2020（06）：20－29．

[62] 李文鸿，曹万林．科技创新、对外开放与京津冀高质量协同发展研究［J］．统计与决策，2021，37（07）：122－126．

[63] 中国社会科学院京津冀协同发展智库京津冀协同发展指数课题组．京津冀协同发展指数报告（2017）［M］．北京：中国社会科学出版社，2018．

[64] 蔡昉．"十四五"京津冀协同发展新形势新任务［N］．北京日报，2019－10－18（3）．

[65] ［苏］卡马耶夫．经济增长的速度和质量［M］．陈华山，译．武汉：湖北人民出版社，1983．

[66] ［印］维诺德·托马斯，王燕．增长的质量［M］．第2版．北京：中国财经出版社，2017．

[67] 徐学敏．发展经济重在质量［J］．财经问题研究，1998（12）：10－12．

[68] 王积业．关于提高经济增长质量的宏观思考［J］．宏观经济研究，2000（1）：11－17．

[69] 刘亚建．我国经济增长效率分析［J］．思想战线，2002（4）：30－33．

[70] 刘树成．论又好又快发展［J］．经济研究，2007（6）：4－13．

[71] 冷崇总．构建经济发展质量评价指标体系［J］．宏观经济管理，2008（4）：43－45．

[72] 许永兵．河北省经济发展质量评价——基于经济发展质量指标体系的分析［J］．河北经贸大学学报，2013，34（1）：58－65．

[73] 李永友．经济发展质量的实证研究：江苏的经验——基于经济发展质量指标体系的分析［J］．财贸经济，2008（8）：113－118．

[74] 原青青．北京高质量发展测度与评价［D］．北京：首都经济贸易大学，2011，30（2）：224－230．

[75] 黄顺春，邓文德．高质量发展评价指标体系研究述评［J］．统计与决策，2020（13）：26－29．

[76] 廖重斌．环境与经济协调发展的定量评判及其分类体系——以珠江

三角洲城市群为例［J］．热带地理，1999，19（2）：171－177．

［77］李金昌，史龙梅，徐蔼婷．高质量发展评价指标体系探讨［J］．统计研究，2019，36（1）：4－14．

［78］孙培蕾，郭泽华．经济高质量发展空间差异与影响因素分析［J］．统计与决策，2021（16）：123－125．

［79］杨阳，窦钱斌，姚玉洋．长三角城市群高质量发展水平测度［J］．统计与决策，2021，37（11）：89－93．

［80］黄顺春，邓文德．粤港澳、长三角及京津冀高质量发展比较研究［J］．技术与创新管理，2021，42（01）：75－84．

［81］唐朝生，芦佩，樊少云，等．京津冀城市群空间经济联系研究——基于修正引力模型［J］．燕山大学学报（哲学社会科学版），2017，18（06）：80－87．

［82］张景奇，孙萍，徐建．我国城市生态文明建设研究述评［J］．经济地理，2014，34（8）：137－185．

［83］毕国华，杨庆媛，刘苏．中国省域生态文明建设与城市化的耦合协调发展［J］．经济地理，2017，37（1）：50－58．

［84］白杨，黄宇驰，王敏，等．我国生态文明建设及其评估体系研究进展［J］．生态学报，2011，31（20）：6295－6304．

［85］王谦，董艳玲．中国实体经济发展的地区差异及分布动态演进［J］．数量经济技术经济研究，2018，35（05）：77－94．

［86］索贵彬，朱志芸．京津冀县域经济发展的时空特征与演变趋势分析［J］．当代经济管理．2019（2）：49－52．

［87］索贵彬．中国特色生态文明建设内涵、体系及效果评价［J］．石家庄经济学院学报，2016（5）：47－50．

［88］索贵彬，杨建勋．资源与环境约束下京津冀生态文明建设水平时空特征及演变趋势［J］，河北地质大学学报，2020（4）：70－75．

［89］王志玮，陈劲．企业破坏性创新概念建构、辨析与测度研究［J］．科学学与科学技术管理，2012（12）：29－36．

［90］Rey S J. Spatial Empirics for Economic Growth and Convergence［J］. Geographical Analysis, 2001, 33（3）：195－214.

［91］Fingleton B. Specification and Testing of Markov Chain Models: An Application to Convergence in the European Union［J］. Oxford Bulletin of Economics

& Statistics, 1997, 59 (3): 385 – 403.

[92] Liao F H F, Wei Y D. Dynamics, space, and regional inequality in provincial China: A case study of Guangdong province [J]. Applied Geography, 2012, 35 (1 – 2): 71 – 83.

[93] Tone K. A slacks – based measure of efficiency in data envelopment analysis. European Journal of Operational Research, 2001, 130 (3): 498 – 509.

[94] Tone K. A slacks – based measure of super – efficiency in data envelopment analysis. European Journal of Operational Research, 2002, 143 (1): 32 – 41.

[95] Tobin J. Estimation of relationships for limited dependent variables [J], Econometrica, 1958, 26 (1): 24 – 36.

[96] Christense. C. M. The Ongoing Process of Building a Theory of Disruption [J]. Journal of Product Innovation Management, 2006, 23 (1): 39 – 55.

[97] Charitou. C. D. and C. C. MARKIDES. Responses to Disruptive Strategic Innovation [J]. Mit Sloan Management Review, 2003, 44 (2): 55 – 63.

[98] Rafii F. and P. J. KAMPAS. How to identify your enemies before they destroy you [J]. Harvard Business Review, 2002, 80 (11): 115.

[99] Henderson J V. The sizes and types of cities [J]. American Economic Review, 1974, 64 (4): 640 – 656.

[100] Henderson J V, Mills E S. Economic theory and the cities [M]. Academic Press, 1985, 22 (4): 35 – 50.

[101] Henderson, J V. How urban concentration affects economic growth [J]. Social Science Electronic Publishing, 2000, 31 (5): 1 – 42.

[102] Gunter S. Regiona cooperation and economic development. The Annals of Regional Science, 1986, 20 (2): 1 – 16.

[103] Abdel R H M. Agglomeration economies, types, and sizes of cities [J]. Journal of Urban Economics, 1990, 27 (1): 25 – 45.

[104] Masahisa F, Paul K. When is the economy monocentric? Thünen and Chamberlin unified [J]. Regional Science and Urban Economics, 2004, 25 (4): 505 – 528.

[105] Ruffin F A. Collaborative network management for urban revitalization [J]. Public Performance & Management Review, 2010, 33 (3): 459 – 487.

[106] Mark B. Asymmetrical Regionalism: China, Southeast Asia and Uneven

development [J]. East Asia: an international quarterly, 2010, (4): 329 -343.

[107] Ooi G L. The Indonesia - Malaysia - Singapore growth triangle: sub - regional economic cooperation and integration [J]. Geo Journal, 1995, 36 (4): 337 -344.

[108] Arku G, Oosterbaan C. Evidence of inter - territorial collaborative economic development strategies in Ontario, Canada [J]. Geojournal, 2015, 80 (3): 361 -374.

[109] Yang Y, Hu N. The spatial and temporal evolution of coordinated ecological and socioeconomic development in the provinces along the Silk Road Economic Belt in China [J]. Sustainable Cities and Society, 2019, 47 (1): 101466.

[110] Liu H, Liu Y, Wang H, et al. Research on the coordinated development of greenization and urbanization based on system dynamics and data envelopment analysis——A case study of Tianjin [J]. Journal of cleaner production, 2019, 214 (4): 195 -208.

[111] Wang Q, Yuan X, Cheng X, et al. Coordinated development of energy, economy and environment subsystems—A case study [J]. Ecological indicators, 2014, 46 (3): 514 -523.

[112] Sanmang Wu, Yalin Lei. Study on the mechanism of energy abundance and its effect on sustainable growth in regional economies: A case study in China [J]. Resources Policy, 2016, 47 (1): 1 -8.

[113] Desyatirikov A. N., Nechaev Y. B., Desyatirikova E. N., Lyutova E. A.. The mechanism of attracting investment in the regional economy on the example of the Voronezh region [J]. Proceedings of the Voronezh State University of Engineering Technologies, 2019, 80 (4): 378 -383.

[114] Inga Ivanova, Øivind Strand, Loet Leydesdorff. What Is the Effect of Synergy Provided by International Collaborations on Regional Economies? [J]. Journal of the Knowledge Economy, 2019, 10 (1): 18 -34.

[115] Silvia Rocchetta, Andrea Mina. Technological coherence and the adaptive resilience of regional economies [J]. Regional Studies, 2019, 53 (10): 1421 -1434.

[116] Serebryakova N. A., Dorokhova N. V., Knyazeva I. Y.. Features of motivation of regional economy subjects to innovative activity [J]. Proceedings of the

Voronezh State University of Engineering Technologies, 2020, 81 (4): 274-279.

[117] Lasarte López Jesús Miguel, Carbonero Ruz Mariano, Nekhay Olexandr, Rodero Cosano María Luisa. Why do regional economies behave differently? A modelling approach to analyse region – specific dynamics along the business cycle [J]. Applied Economics Letters, 2021, 28 (16): 1391-1399.

[118] Afanasiev Mikhail, Kudrov Aleksander. Economic complexity and inclusion of regional economies [J]. SHS Web of Conferences, 2021, 106 (45): 01003-01003.

[119] Cao Shaopeng, Nie Liang, Sun Huaping, Sun Weifeng, Taghizadeh – Hesary Farhad. Digital finance, green technological innovation and energy – environmental performance: Evidence from China's regional economies [J]. Journal of Cleaner Production, 2021, 327 (58): 129458.

[120] Shen D, Li S, Wang M. Evaluation on the coordinated development of air logistics in Beijing – Tianjin – Hebei [J]. Transportation Research Interdisciplinary Perspectives, 2019, 1 (3): 100034.

[121] Cui X, Fang C, Liu H, et al. Assessing sustainability of urbanization by a coordinated development index for an Urbanization – Resources – Environment complex system: A case study of Jing – Jin – Ji region, China [J]. Ecological Indicators, 2019, 96 (21): 383-391.

[122] Howard R E. The Hyborian Age [M]. Good Press, 2020.

[123] Andrey Vladimirovich Shmidt, Valentina Sergeyevna Antonyuk, Alberto Francini. Urban Agglomerations in Regional Development: Theoretical, Methodological and Applied Aspects [J]. Èkonomika Regiona, 2016, 12 (3): 776-789.

[124] Xuan SUN. Multi – indicator Evaluation and Analysis of Coordinated Industrial Development of Urban Agglomerations [J]. Chinese Journal of Urban and Environmental Studies, 2017, 5 (1): 14.

[125] Vylegzhanina Valerija, Giniyatov Ilgiz, Dobrotvorskaja Nadezhda, Timonov Viktor. On the question of the use of inter – settlement territories in the structure of urban agglomerations [J]. BIO Web of Conferences, 2022, 42 (9): 301-306.

[126] He Linlang, Hultman Nathan. Urban agglomerations and cities' capacity in environmental enforcement and compliance [J]. Journal of Cleaner Production,

2021, 313 (4): 127585.

[127] Li Sinan, He Youyong, Xu Hanliang, Zhu Congmou, Dong Baiyu, Lin Yue, Si Bo, Deng Jinsong, Wang Ke. Impacts of Urban Expansion Forms on Ecosystem Services in Urban Agglomerations: A Case Study of Shanghai – Hangzhou Bay Urban Agglomeration [J]. Remote Sensing, 2021, 13 (10): 1908 – 1908.

[128] Chuanglin Fang. The basic law of the formation and expansion in urban agglomerations [J]. Journal of Geographical Sciences, 2019, 29 (10): 1699 – 1712.

[129] N. Ya. Kazhuro. Economic Growth Based on Innovative Development is the Basis of Macroeconomic Stabilization and Sustainability of the National Economy [J]. Nauka i Tehnika, 2017, 16 (6): 515 – 525.

[130] Liu Ruixiang, Fan Jin, Yan Yingen. Global Spatial Linkage and China's Economic Growth [J]. International Journal of Business and Economics Research, 2018, 7 (3): 42 – 42.

[131] M. Ershad Hussain, Mahfuzul Haque. Is there any link between economic growth and earth's environment? Evidence from 127 countries for the period 2007 – 2015 [J]. Journal of Environmental Economics and Policy, 2019, 8 (2): 193 – 208.

[132] Jinran Chen, Lijuan Xie. Industrial policy, structural transformation and economic growth: Evidence from China [J]. Frontiers of Business Research in China, 2019, 13 (1): 1 – 32.

[133] Jorge Garza – Rodriguez, Natalia Almeida – Velasco, Susana Gonzalez – Morales, Alma P. Leal – Ornelas. The Impact of Human Capital on Economic Growth: the Case of Mexico [J]. Journal of the Knowledge Economy, 2020, 11 (5): 660 – 675.

[134] Andreas Irmen, Amer Tabakovic. Factor Income Distribution and Endogenous Economic Growth: Piketty Meets Romer [J]. Economic Inquiry, 2020, 58 (3): 1342 – 1361.

[135] Ssu – Hsien Chen, Richard c. Feiock, Jun Yi Hsieh. Regional Partnerships and Metropolitan Economic Development [J]. Journal of Urban Affairs, 2016, 38 (2): 196 – 213.

[136] M. N. Megeri, Prakash Kengnal. Econometric Study of Urbanization and Economic Development [J]. Journal of Statistics and Management Systems, 2016,

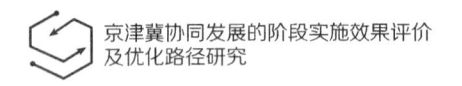

19（5）：633－650.

［137］Robert J. Barro. Quantity and Quality of Economic Growth［R］. Working Papers from Central Bank of Chile，2002，5（2）：1455－1464.

［138］Rey S J. Spatial Empirics for Economic Growth and Convergence［J］. Geographical Analysis，2001，33（3）：195－214.

［139］Quah D. Galton's Fallacy and Tests of the Convergence Hypothesis［J］. Scandinavian Journal of Economics，1993，95（4）：427－443.

［140］Quah D. Empirics for economic growth and convergence［J］. European Economic Review，1996，40（6）：1353－1375.